PETIT TRAITÉ
D'ANALYSE GRAMMATICALE

appliquée

A LA LANGUE LATINE

PAR

B. JULLIEN

docteur ès lettres, licencié ès sciences
auteur du *Cours raisonné de langue française*

PARIS
LIBRAIRIE DE L. HACHETTE ET Cie
RUE PIERRE-SARRAZIN, N° 14
(Près de l'École de médecine)

X

PETIT TRAITÉ
D'ANALYSE GRAMMATICALE
appliquée
A LA LANGUE LATINE

TYPOGRAPHIE DE CH. LAHURE
Imprimeur du Sénat et de la Cour de Cassation
rue de Vaugirard, 9

PETIT TRAITÉ
D'ANALYSE GRAMMATICALE
appliquée

A LA LANGUE LATINE

PAR

B. JULLIEN

docteur ès lettres, licencié ès sciences
auteur du Cours raisonné de langue française

PARIS

LIBRAIRIE DE L. HACHETTE ET Cie

RUE PIERRE-SARRAZIN, N° 14

(Près de l'École de médecine)

1856

PRÉFACE.

On nous a souvent demandé de disposer pour la langue latine notre *Petit traité d'analyse grammaticale*, autorisé depuis douze ans par l'Université.

Ce travail était assez facile dans la théorie, puisque les principes généraux sont semblables dans les deux langues, à ce point qu'ils ne demandent pas, en ce qu'ils ont d'essentiel, un changement de rédaction.

Mais dans la pratique, il n'en est pas tout à fait ainsi. Les formes des langues diffèrent; les cas qui n'existent pas chez nous, et se trouvent dans les noms latins, en modifient nécessairement l'analyse; le genre neutre, les degrés de signification exprimés en un seul mot, les diverses voix des verbes, etc., etc., rendent l'explication des mots, bien qu'identique au fond, fort différente en apparence. Ce traité devait se ressentir de ces différences.

D'un autre côté, dans les phrases plus difficiles et plus élevées, l'ellipse, l'inversion, les syllepses ne s'appliquent pas tout à fait de la même manière ; et dans ces locutions spéciales à chaque langue, les latinismes diffèrent profondément des gallicismes. Il fallait donc de toute nécessité se livrer à un travail sérieux, d'abord pour appliquer les principes eux-mêmes à la langue latine, ensuite et surtout pour y conserver, non pas seulement l'ordre, mais, autant qu'il se pourrait, les expressions du petit traité français.

Quant à l'ordre, il n'y a pas eu de difficulté réelle. Notre traité contient, comme pour le français, sept leçons. La première, traite des espèces de mots; la seconde, des sous-espèces, c'est-à-dire des sous-divisions établies dans les espèces de mots ; la troisième, des formes accidentelles ou variations de genres, de nombres, de cas, de personnes, etc.; la quatrième des formes accidentelles composées, comme *magis pius, amatum esse*, etc.; la cinquième, des relations de syntaxe.

Après cette cinquième leçon, l'analyse grammaticale est complète, c'est-à-dire que, quel que soit le texte donné, on ne peut avoir rien à dire de plus que ce qui y entre. On fera bien de ne point passer outre tant que les élèves ne seront pas arrivés à bien faire ce travail. On pourra passer un peu rapidement sur les deux premières leçons, où les réponses sont extrêmement courtes; mais la troisième, la quatrième et surtout la cinquième donnent des détails si complets et si rigoureusement ordonnés, que les élèves doivent se rompre à cet exercice s'ils veulent plus tard en tirer un parti réel.

Les deux dernières leçons, la sixième sur les figures de grammaire (inversion, ellipse, pléonasme et syllepse), et la septième sur les latinismes, n'ajoutent rien pour la théorie générale à ce qu'a établi la cinquième; elles s'occupent seulement de certaines difficultés ou exceptions aux règles ordinaires dont il faut être averti, si l'on veut aborder l'explication des auteurs vraiment originaux. Il suffira d'y jeter un coup d'œil pour reconnaître qu'il y a là des formes de langage dont il est quelquefois difficile de rendre compte. Aussi fera-t-on toujours bien de ne pas se presser d'y arriver, et de réserver ce travail pour les classes avancées.

Ce n'est pas là, en effet, l'analyse grammaticale courante et nécessaire; c'est une étude qui ne trouve son application que sur certains mots et dans certaines phrases, qu'on peut ainsi ajourner sans inconvénient.

La nomenclature, je n'ai pas besoin de le dire, est dans ce livre ce qu'elle est partout. Ce sont des mots reçus généralement, et tous admis dans le Dictionnaire de l'Académie. Il y en a seulement quelques-uns qui ne sont pas exactement ceux de Lhomond, ou qui sont appliqués autrement que chez lui.

Pour les premiers, les professeurs pourront toujours, s'ils le jugent convenable, revenir à la terminologie de l'ancien professeur, dire au lieu du *sujet* d'un verbe, son *nominatif;* au lieu du *complément*, son *régime;* au lieu de verbe *transitif direct*, verbe *actif*; et verbe *neutre*, au lieu de verbe *transitif indirect* et de verbe *intransitif*. J'ai dû prendre les mots qui présentent l'idée la plus complète et la plus précise, et qui d'ailleurs s'appliquent le plus exactement dans toutes les langues.

Quant au changement de classification de quelques mots, ce n'est guère qu'en ce qui tient au pronom qu'il est sensible. Lhomond, à la manière des anciens, mettait parmi les pronoms tous les adjectifs déterminatifs quand leur substantif était sous-entendu. Depuis longtemps les grammairiens habiles sont d'accord pour n'appeler *pronoms* que les mots qui désignent les trois personnes grammaticales *je*, *tu*, *ils*, *soi*, et leurs analogues dans les diverses langues. C'est ce qu'a fait Condillac après Dumarsais et Beauzée, Sylvestre de Sacy après Condillac, puis Burnouf dans ses deux grammaires, enfin MM. Dutrey et Dunglas dans les leurs. J'ai fait la même chose, et d'une manière moins sensible encore, car en rappelant toujours le nom sous-entendu à côté des adjectifs déterminatifs qui s'y rapportent, je n'ai jamais eu besoin de considérer ceux-ci comme étant ou n'étant pas des pronoms.

Les sujets de devoirs tirés d'auteurs très-divers, et qui en eux-mêmes forment autant de versions intéressantes, sont partagés par des chiffres mis entre parenthèses en petites sections de dix, douze, quinze mots. L'analyse grammaticale, quand elle est complète, prend un développement si considérable, qu'il faut donner pour sujet aux élèves des phrases fort courtes ordinairement. On en trouvera ici environ cent cinquante; c'est tout ce qu'il faut assurément pour que les élèves sachent bien faire cet exercice. D'ailleurs, chaque professeur peut toujours prendre, dans un devoir quelconque, la phrase qui lui paraîtra convenable, et la faire analyser à ses élèves.

Je ne m'arrête pas sur la manière dont doivent être écrites les copies d'analyse. Tout le monde sait qu'il faut, 1° mettre en tête le texte à analyser; 2° écrire en marge successivement tous les mots de ce texte de manière qu'ils ne se confondent pas avec l'explication ajoutée; 3° après chaque mot du texte, donner d'abord ses formes primitives, indiquer en second lieu son espèce bien déterminée; puis ses formes ou accidents, et enfin les rapports syntaxiques qui le régissent dans la phrase. Ces conditions matérielles ne sont pas, sans doute, absolument nécessaires pour qu'une analyse soit bien faite; mais elles sont si utiles et si commodes, que ce serait une véritable faute de ne pas s'y soumettre.

La table des matières qui suit l'ouvrage contient, outre les mots cités et expliqués dans le texte, les termes latins qui y correspondent. La langue grammaticale est tellement spéciale, elle a tant varié depuis les anciens jusqu'à nous, elle est surtout si peu connue, que les professeurs eux-mêmes me sauront gré de ce rapprochement.

Quoi qu'il en soit, ce petit volume aura toujours l'avantage d'aider les enfants, d'abord à comprendre à fond la langue latine, puis à l'apprendre par principes, et non pas seulement de mémoire et par routine.

PETIT TRAITÉ
D'ANALYSE GRAMMATICALE
APPLIQUÉE A LA LANGUE LATINE.

LEÇON Ire.

Définitions. — Espèces des mots.

L'*analyse grammaticale* est un exposé par lequel on fait connaître exactement les espèces des mots, leurs formes accidentelles, et les rapports qui les lient entre eux dans les phrases où ils entrent [1].

Il y a huit espèces de mots : 1° le *nom*, autrement nommé *substantif*; 2° l'*adjectif* (qui comprend le *participe*); 3° le *pronom*; 4° le *verbe*; 5° l'*adverbe*; 6° la *préposition*; 7° la *conjonction*; 8° l'*interjection*.

On se bornera, dans les exercices suivants, à énoncer l'espèce des mots.

EXERCICES.

Ier SUJET [2].

La société fait la force de l'homme.

(1) Duas res dedit homini Deus, quæ illum obnoxium vali-

---

[1] D'après cette définition, l'analyse grammaticale n'est point une science, mais l'application faite avec méthode des principes de la grammaire, qui reste seule la science proprement dite. L'analyse grammaticale n'établit donc pas de principes, elle les suppose connus; et les petits préambules qu'on trouvera au commencement de nos diverses leçons ne feront que les résumer.

[2] Ce premier sujet devant reparaître dans les autres leçons avec une

dissimum facerent, rationem et societatem. (2) Itaque qui par esse nulli posset, si seduceretur, rerum potitur. (3) Societas illi dominium omnium animalium dedit. (4) Societas terris genitum in alienæ naturæ imperium transmisit, et dominari etiam in mari jussit. (5) Hæc morborum impetus arcuit, senectuti adminicula prospexit, solatia contra dolores dedit. (Seneca, *De benef.*, IV, 18, n°s 2 et 3.)

MODÈLE D'ANALYSE.

(1) *Duas*, adjectif.
res, nom.
dedit, verbe.
homini, nom.
Deus, nom.
quæ, adjectif.
illum, adjectif.
obnoxium, adjectif.
validissimum, adjectif.
facerent, verbe.
rationem, nom.
et, conjonction.
societatem, nom.
(2) *itaque*, conjonction.
qui, adjectif.
par, adjectif.
esse, verbe.
nulli, adjectif.
posset, verbe.
si, conjonction.
seduceretur, verbe.
rerum, nom.
potitur, verbe.

(3) *societas*, nom.
illi, adjectif.
dominium, nom.
omnium, adjectif.
animalium, nom.
dedit, verbe.
(4) *societas*, nom.
terris, nom.
genitum, participe.
in, préposition.
alienæ, adjectif.
naturæ, nom.
imperium, nom.
transmisit, verbe.
et, conjonction.
dominari, verbe.
etiam, adverbe.
in, préposition.
mari, nom.
jussit, verbe.
(5) *hæc*, adjectif.
morborum, nom.
impetus, nom.

analyse de plus en plus détaillée et complète, j'en donne ici, une fois pour toutes, la traduction presque mot à mot : « (1) Dieu a donné à l'homme deux ressources qui le rendraient (devaient le rendre), lui si exposé (aux attaques des animaux), le plus fort de tous, la raison et la société. (2) Ainsi celui qui ne pourrait être égal à aucun s'il était isolé, est maître des choses (est devenu le souverain de la terre). (3) La société a donné à l'homme l'empire sur tous les animaux ; (4) né pour la terre, la société l'a élevé au commandement d'un élément étranger, et l'a rendu maître des mers. (5) Elle a repoussé les accès des maladies, a préparé des soutiens à la vieillesse, et a donné des consolations contre les douleurs. »

ESPÈCES DES MOTS.

arcuit, verbe.
senectuti, nom.
adminicula, nom.
prospexit, verbe.

solatia, nom.
contra, préposition.
dolores, nom.
dedit, verbe.

IIe SUJET.

Dix tribus se séparent de Roboam.

(1) Defuncto Salomone anno imperii quadragesimo, quum Roboam filius anno ætatis sexto et decimo regnum patrium tenere cœpisset, pars populi ab eo offensa discedit. (2) Etenim quum laxari sibi stipendium poposcisset, quod Salomon gravissimum imposuerat, repudiatis precibus supplicum, favorem universæ plebis averterat. (3) Itaque consensu omnium imperium ad Hieroboam defertur. (4) Is medio genere ortus, aliquando Salomoni servitutem pependerat. (5) Sed quum ei responso Achiæ prophetæ regnum Hebræorum annuntiatum (Salomon) comperisset, necare eum clam destinaverat. (6) Quo ille metu in Ægyptum confugit, ibique uxore accepta ex stirpe regia, cognita demum Salomonis morte, in solum patrium regressus, voluntate populi, ut supra retulimus, sumpsit imperium. (7) Penes Roboam tamen, duæ tribus Judæ et Benjamin resederunt. (Sulpit. Sever., *Hist. sacra*, I, 40.)

IIIe SUJET.

Maximes.

(1) Alterius damnum gaudium haud facies tuum.
(2) Amicitia pares aut accipit aut facit.
(3) Bene dormit qui non sentit quam male dormiat.
(4) Bis est gratum quod opus est, ultro si offeras.
(5) Citius venit periculum, quum contemnitur.
(6) Dari bonum quod potuit, auferri potest.
(7) Etiam capillus unus habet umbram suam.
(8) Ex vitio alterius sapiens emendat suum.

(Publius Syrus et autres.)

LEÇON II.

Sous-divisions des espèces de mots.

On distingue parmi les substantifs :

1° Les noms *propres*, comme *Cæsar*, César ; *Roma*, Rome ; *Tiberis*, le Tibre ; *Itali*, les Italiens.

2° Les noms *communs*, comme *homo*, homme ; *equus*, cheval ; *rosa*, rose ; *stagnum*, étang.

3° Les noms *collectifs*, qui expriment une réunion de choses de même espèce ; comme *turba*, la foule ; *populus*, le peuple ; *multitudo*, la multitude [1].

Parmi les adjectifs, il faut distinguer :

1° Les adjectifs *qualificatifs*, comme *bonus*, bon ; *sapiens*, sage ; *celeber*, célèbre.

2° Les adjectifs *déterminatifs*.

Ceux-ci se divisent en plusieurs sections, savoir : (*a*) les adjectifs *possessifs* : *meus*, *a*, *um*, mon, mien, ma ; *tuus*, *a*, *um*, ton, tien, ta ; *suus*, *a*, *um*, son, sa, sien, leur ; *noster*, *tra*, *trum*, notre, nôtre ; *vester*, *tra*, *trum*, votre, vôtre [2] ; (*b*) les adjectifs *démonstratifs* : *is*, *ea*, *id*, ce, cette ; *hic*, *hæc*, *hoc*, ce...ci, cette...ci ; *ille*, *a*, *ud*, et *iste*, *a*, *ud*, ce...là, cette...là ; *idem*, *eadem*, le même, la même ; *ipse*, *a*, *um*, même (*homo ipse*, l'homme même) ; (*c*) les adjectifs *conjonctifs*

---

1. Le latin n'a pas l'occasion de distinguer les noms partitifs ; ni surtout les noms généraux de personne ou de chose qu'il rend presque toujours par les adjectifs déterminatifs au masculin pluriel ou au neutre singulier.

2. Le latin ne fait pas la distinction de *mon* et *mien*, *ton* et *tien*, *notre* et *nôtre* ; mais il n'en a pas besoin, car toutes les fois que les adjectifs possessifs sont avec leur substantif, ils répondent à *mon*, *ton*, *son*, *notre*, *votre* : et quand le nom est sous-entendu ou qu'ils sont séparés de lui après la construction faite, il faut les traduire par *le mien*, *le tien*, *le sien*, etc.

et *interrogatifs* : *qui* ou *quis*, *quæ*, *quod*, qui, lequel, laquelle; *qualis*, *le*, quel, quelle; *quantus*, *a*, *um*, combien grand; *quot*, pluriel indéclinable, combien (en nombre); *quotus, a, um*, quantième, quel (en rang); *uter, tra, um*, lequel des deux; (*d*) les adjectifs *indéfinis*[1] : *ullus, a, um*, un seul, aucun, sans négation; *nullus, a, um*, nul, aucun, avec négation; *solus, a, um*, seul; *totus, a, um*, tout entier; *alius, a, ud*, autre; *alter, ra, rum*, autre (le plus souvent en parlant de deux); *pauci, æ, a*, peu nombreux; *multus, a, um*, usité surtout au pluriel, *multi, æ, a*, nombreux, beaucoup (en nombre); *plures, ra* et *ria*, plus nombreux, et *plurimi, mæ, ma*, très-nombreux; *tot*, pluriel indéclinable, autant (en nombre); *plerique, æque, aque*, la plupart; *cæteri, æ, a*, les autres, les restants; *omnis, e*, tout, toute; et beaucoup des composés de *qui* et de *uter* : *quicumque, quilibet, quivis*, qui vous voudrez; *quidam, quispiam, aliquis*, quelque, quelqu'un; *utercumque, utervis*, celui des deux que vous voudrez; *uterque*, l'un et l'autre; *neuter, ra, rum*, ni l'un ni l'autre; *alteruter, tra, trum*, l'un ou l'autre; (*e*) les adjectifs de nombre; les cardinaux : *unus, a, um*, un, une; *duo, æ, o*, deux; *tres, tria*, trois; *quatuor*, quatre, etc.; les ordinaux : *primus, a, um*, premier, première; *secundus, a, um*, deuxième, second; *tertius, a, um*, troisième, etc.; et les distributifs : *singuli, æ, a*, un à un; *bini, æ, a*, deux à deux; *terni, æ, a*, trois à trois, etc.

Un adjectif peut être pris tout seul, sans qualifier,

---

[1]. Ce terme signifie non pas que les adjectifs auxquels on l'applique ont un sens difficile à déterminer, mais que la classe où on les range en comprenant beaucoup de sens fort différent, on n'a pas pris la peine de les classer plus exactement.

ni déterminer aucun substantif; on dit alors qu'il est *pris substantivement*. Tels sont les mots *bonum* et *malum* dans la phrase : *Bonine an mali plus attulerit.... copia dicendi* (Cic., *De invent.*, I, 1); « si l'art de parler a fait plus de bien que de mal. »

Les adjectifs déterminatifs se prennent continuellement en latin sans substantif, savoir : au masculin pluriel, en se rapportant à *homines* sous-entendu ; au neutre pluriel pour désigner en nombre les objets inanimés dont on parle ; et surtout au neutre singulier pour la signification abstraite de nos noms de choses. *Id, hoc, illud, istud*, ce, ceci, cela; *idem*, cela même, la même chose ; *unum*, une seule chose, etc. Ils se comportent alors en tout comme des substantifs.

Les pronoms, en latin, sont *ego* et *nos* pour la première personne ; *tu* et *vos* pour la seconde ; et, pour la troisième, le pronom réfléchi *sui, sibi, se*. Les pronoms directs de la troisième personne et les pronoms démonstratifs, qui n'existent pas en latin sous une forme spéciale, s'expriment par les adjectifs démonstratifs *is, hic, ille, iste, ipse* et *idem*.

Parmi les verbes, on distingue :

1° Le verbe *sum*, qui est le seul de son espèce;

2° Tous les autres verbes qu'on appelle *attributifs*[1], et qui comprennent les *transitifs directs*, les *transitifs indirects*, les *intransitifs* et les *impersonnels*.

Les *transitifs directs* sont ceux qui prennent leur complément à l'accusatif sans préposition ni exprimée ni sous-entendue, comme *amo patrem*, j'aime mon père[2].

1. Comme tous les verbes, excepté le verbe *sum*, sont attributifs, on n'a jamais besoin de leur donner cette qualification dans l'analyse.

2. Nous disons en français que ces verbes *régissent* ou *gouvernent* leur complément à l'accusatif; ou plus brièvement qu'ils *gouvernent l'accusatif*.

Les *transitifs indirects* sont ceux qui prennent leur complément à un autre cas que l'accusatif, comme *studeo grammaticæ*, j'étudie la grammaire; *fruor otio*, je jouis du repos; ou à quelque cas que ce soit avec une préposition, comme *aberrare a proposito* (Cic.), s'éloigner de son but.

Les *intransitifs* sont ceux qui n'ont pas de complément, comme *dormio*, je dors; *jaceo*, je suis étendu [1].

Les verbes *impersonnels* sont ceux qui ne sont employés qu'à la troisième personne du singulier, comme *oportet*, il faut; *pluit*, il pleut. Ces verbes peuvent être *intransitifs*, comme ce dernier, ou *transitifs directs*, comme *me pœnitet*, je me repens; ou *transitifs indirects*, comme *tibi licet*, il t'est permis, etc.

Il y a aussi des *impersonnels passifs*, comme *itur*, on va; *concurritur*, on se rassemble; *dicitur*, on dit, etc.

Il y a enfin des verbes qui sont pris impersonnellement, c'est-à-dire que, n'étant pas impersonnels par leur nature, ils le deviennent dans un certain emploi, comme *interest*, il est de l'intérêt de, il importe à.

On distingue parmi les adverbes :

1° Les adverbes de *manière*, presque tous tirés d'adjectifs, terminés en *e* ou en *ter*, et susceptibles de degrés de signification en *ius* et *ime*.

---

1. Ces qualifications n'ont rien d'absolu ; elles dépendent de la construction de la phrase, et du complément que le verbe a ou n'a pas. *Passer*, par exemple, est transitif direct dans *passer la mer*; il est transitif indirect dans *passer à l'ennemi*, et intransitif quand on dit *le temps passe*. De même, en latin, *agere* est transitif direct dans *agere pecus*, faire avancer son troupeau, et intransitif dans *Germanus inquies agebat* (Tac.), le Germain agissait sans cesse. Cependant quand un verbe est habituellement transitif, il est bon de dire qu'il est dans telle phrase *pris intransitivement*, et réciproquement au lieu d'écrire d'une manière absolue qu'il est *intransitif*.

2° Les adverbes de nombre, *semel*, une fois; *bis*, *ter*, *quater*, deux, trois, quatre fois; ils sont tous terminés en *ies*, à partir de *quinquies*, cinq fois.

3° Les adverbes d'ordre, qui sont presque tous des ablatifs ou des accusatifs singuliers neutres des adjectifs ordinaux, *primo* ou *primum*, d'abord, premièrement; *secundo* ou *secundum*, deuxièmement; *tertio* ou *tertium*, troisièmement, etc. Il faut y ajouter *antea, antehac*, auparavant; *dein, deinde*, ensuite; *denique, tandem*, enfin; *rursus, iterum*, de nouveau; *item*, de plus, etc.

4° Les adverbes de lieu, employés surtout dans les questions de lieu, *ibi*, *ibidem*, *hic*, *illic*, *istic*, y, là, ici; *alibi*, ailleurs; *alicubi*, quelque part; *ubicumque*, *ubivis*, partout; *intus*, en dedans; *foris*, dehors, employés à la question *ubi* : *eo, eodem, huc, istuc, illuc*, y, là, ici, avec mouvement; *alio*, ailleurs; *aliquo*, quelque part; *quolibet, quovis, quocumque*, partout; *intro*, dedans; *foras*, dehors, employés à la question *quo* : *inde, indidem*, en, de là; *hinc*, d'ici; *istinc, illinc*, de là; *aliunde*, d'ailleurs; *alicunde*, de quelque part; *undique*, de toute part, employés à la question *unde* : *ea, eadem*, par là; *hac*, par ici; *istac, illac*, par là; *aliqua*, par quelque endroit; *quacumque, qualibet, quavis*, par où vous voudrez, employés à la question *quà*. Il faut y joindre quelques autres adverbes, comme *circiter*, environ; *cominus*, de près; *eminus*, de loin; *desuper*, d'en haut, etc.

5° Les adverbes de temps : *hodie*, aujourd'hui; *cras*, demain; *postridie*, le jour d'après, le lendemain; *perindie*, après-demain, le surlendemain; *heri*, hier; *pridie*, la veille; *nunc, actutum*, maintenant; *modo*, tout à l'heure; *mox*, bientôt; *aliquandiu*, pendant quelque temps; *interea*, pendant ce temps-là; *olim*, autrefois; *aliquando*, *quondam*, quelque jour; *jam*, déjà; *diu*, longtemps; *dudum*, *jamdudum*, *pridem*, *jampridem*, *jamdiu*, depuis longtemps; *nondum*, pas encore; *tum*, *tunc*, alors; *unquam*, jamais, sans négation; *nunquam*, jamais, avec négation; *abhinc*, depuis ce moment; *hactenus*, *hucusque*, jusqu'ici.

6° Les adverbes d'affirmation : *quidem*, *equidem*, *vero*, en vérité; *quippe*, en effet; *sane*, sans doute; *ita*, *sic*, *etiam*, oui; de négation : *ne*, *non*, *haud*, non, ne pas; *haudquaquam*, *nequaquam*, *neutiquam*, nullement; *minime*, point du tout; de doute : *forte*, par hasard; *forsan*, *forsitan*, *fortasse*, peut-être; d'interrogation, c'est le petit mot *ne* placé après un mot : *egone?* est-ce moi?

On remarque parmi les prépositions :

1° Celles qui veulent toujours l'accusatif : *ad*, à, auprès, vers, pour; *ante*, avant; *apud*, chez, dans; *circa*, autour; *cis*, *citra*, en deçà; *contra*, contre, à l'opposé; *erga*, envers, à l'égard de; *extra*, hors de; *infra*, au-dessous de; *inter*, entre, parmi; *intra*, au dedans, à l'intérieur; *juxta*, auprès de; *ob*, pour, à cause de; *penes*, au pouvoir de; *per*, par, à travers; *post*, après, derrière; *præter*, outre, excepté; *prope*, auprès de; *propter*, pour, à cause de; *secus*, suivant, le long de; *secundum*, suivant, selon; *supra*, au-dessus de; *trans*, à travers, au delà; *ultra*, outre, au delà; *usque*, jusque, jusqu'à; *versum* ou *versus*, vers, du côté de.

2° Celles qui régissent l'ablatif : *a*, *ab*, *abs*, de, par, dès; *absque*, sans; *clam*, en cachette de; *coram*, en présence de; *cum*, avec; *de*, de, touchant, concernant; *e*, *ex*, de (pour sortir d'un endroit); *præ*, devant, à cause, en comparaison de; *pro*, pour, au lieu de, en vue de; *sine*, sans; *tenus*, jusqu'à.

3° Celles qui gouvernent tantôt l'accusatif et tantôt l'ablatif : *in*, en, dans, sur; *sub*, sous, au-dessous de; *subter*, même sens que *sub*; *super*, sur, au-dessus de.

Parmi les conjonctions on distingue :

1° Les simples copulatives ; *ac*, et, aussi; *at*, *ast*, mais, néanmoins ; *at enim*, mais, dira-t-on ; *atque*, et; *atqui*, *atquin*, or, cependant, d'ailleurs ; *attamen*, cependant, toutefois; *aut*, ou; *autem*, mais; *enim*, car; *et*, et, de plus, en outre; *etenim*, en effet; *nam*, *namque*, car, en effet; *nec*, *neque*, ni, et ne, non plus; *que*, et; *quoque*, aussi; *sed*, mais; *sed enim*, mais en effet; *seu*, ou; *ve*, *vel*, ou.

2° Les conjonctions subordonnantes : *an*, si, dubitatif, est-ce que; *annon*, même sens avec négation; *antequam*, avant que; *ceu*, comme; *cur*, pourquoi; *donec*, *donicum*, jusqu'à ce que ; *dum*, tandis que, pourvu que; *dummodo*, pourvu, toutefois que ; *etiamsi*, quand même; *etsi*, quoique; *ne*, de peur que, que avec négation ; *nedum*, de peur que, bien loin que; *ni*, si avec négation; *nisi*, même sens; *num*, est-ce que; *postquam*, après que; *priusquam*, avant que; *prout*, selon, suivant que; *quam*, que; *quamdiu*, aussi longtemps que; *quamdudum*, depuis quand; depuis autant de temps que; *quammox*, dans combien de temps; *quamvis*, quoique; *quando*, quand, *quanquam*, quoique ; *quapropter*, c'est pourquoi; *quare*, pourquoi; *quasi*, comme si; *quatenus*, jusqu'où; *qui*, comment; *quin*, que.... ne; *quo*, où (avec mouvement); *quoad*, jusqu'où; *quod*, que, parce que; *quomodo*, comment; *quoniam*, parce que; *quorsum*, vers quoi, de quel côté; *quousque*, jusqu'où; *quum*, lorsque, quand, puisque; *si*, si, *sicut*, *sicuti*, comme, de même que; *sin*, si avec négation; *tanquam*, autant que; *ubi*, où (sans mouvement), dès que; *unde*, d'où; *ut*, que, comme, afin que; *uti*, comme; *utinam*, plaise à Dieu que; *utpote*, puisque, en effet; *utrum*, est-ce que, si, interrogatif, lequel des deux; *velut*, *veluti*, comme.

Il n'y a rien à dire sur les interjections, puisqu'elles ne sont presque jamais construites dans les phrases.

Maintenant donc nous pouvons non-seulement indiquer les espèces de mots comme dans la leçon précédente, mais les sous-divisions établies dans chaque espèce.

EXERCICES.

Ier SUJET.

La société fait la force de l'homme.

(1) Duas res dedit homini Deus, quæ illum obnoxium validissimum facerent, rationem et societatem. (2) Itaque qui par esse nulli posset, si seduceretur, rerum potitur. (3) Societas illi dominium omnium animalium dedit. (4) Societas terris genitum in alienæ naturæ imperium transmisit, et dominari etiam in mari jussit. (5) Hæc morborum impetus arcuit, senectuti adminicula prospexit, solatia contra dolores dedit.

MODÈLE D'ANALYSE.

(1) *duas*, adjectif de nombre cardinal.
res, nom commun,
dedit, verbe transitif direct.
homini, nom commun.
Deus, nom propre de la Divinité.
quæ, adjectif conjonctif.

illum, adjectif démonstratif.
obnoxium, adjectif qualificatif.
validissimum, adjectif qualificatif.
facerent, verbe transitif direct.
rationem, nom commun.
et, conjonction copulative.

societatem, nom commun.
(2) *itaque*, conjonction copulative.
qui, adjectif conjonctif.
par, adjectif qualificatif.
esse, verbe abstrait.
nulli, adjectif indéfini.
posset, verbe intransitif.
si, conjonction subordonnante.
seduceretur, verbe transitif direct.
rerum, nom commun.
potitur, verbe transitif indirect.
(3) *societas*, nom commun.
illi, adjectif démonstratif.
dominium, nom commun.
omnium, adjectif indéfini.
animalium, nom commun.
dedit, verbe transitif direct.
(4) *societas*, nom commun.
terris, nom commun.
genitum, participe.
in, préposition qui régit ici l'accusatif.
alienæ, adjectif qualificatif.
naturæ, nom commun.
imperium, nom commun.
transmisit, verbe transitif direct.
et, conjonction copulative.
dominari, verbe transitif indirect.
etiam, adverbe d'affirmation.
in, préposition qui gouverne ici l'ablatif.
mari, nom commun.
jussit, verbe transitif direct.
(5) *hæc*, adjectif démonstratif.
morborum, nom commun.
impetus, nom commun.
arcuit, verbe transitif direct.
senectuti, nom commun.
adminicula, nom commun.
prospexit, verbe transitif direct.
solatia, nom commun.
contra, préposition qui régit l'accusatif.
dolores, nom commun.
dedit, verbe transitif direct.

IIe SUJET.

Mort du jeune Gordien.

(1) Peregrino et Æmiliano consulibus, Gordianus admodum adolescens, Parthorum natione superata, victor revertebatur ad patriam. (2) Fraude Philippi, præfecti prætorio, haud longe a Romano solo interfectus est. (3) Gordiano milites tumulum ædificant supra Euphratem, ossibus ejus Romam revectis. (Cassiod., *Chron*.)

IIIe SUJET.

(1) Finito Punico bello, quod per duos et viginti annos contractum erat, Romani jam clarissima gloria noti, legatos ad Ptolomæum, Ægypti regem, miserunt. (2) Auxilia promittebant, quia rex Syriæ Antiochus ei bellum intulerat. (3) Ille gratias Romanis egit, auxilia non accepit : jam enim fuerat pugna

transacta. (4) Eodem tempore, potentissimus rex Siciliæ Hiero Romam venit ad ludos spectandos, et ducenta millia modiorum tritici populo dono dedit. (Eutrop., *Brev.*, III, 1.)

IVe SUJET.

Canis et Corcodilus [1].

(1) Consilia qui dant prava cautis hominibus
Et perdunt operam et deridentur turpiter.
(2) Canes currentes bibere in Nilo flumine,
A corcodilis ne rapiantur, traditum est.
(3) Igitur quum currens bibere cœpisset canis,
Sic corcodilus [2] : (4) « Quam libet lambe otio ;
Noli vereri. » (5) At ille [3] : « Facerem mehercule !
Nisi esse scirem carnis te cupidum meæ. »

(Phædr., *Fab.*, I, 25.)

LEÇON III.

Formes accidentelles des mots.

On appelle *accidents* ou *formes accidentelles*, les changements que les mots variables, c'est-à-dire le nom, l'adjectif, le pronom et le verbe, peuvent recevoir.

Les noms sont du *masculin*, du *féminin* ou du *neutre ;* du *singulier* ou du *pluriel*, à un *cas* ou à un autre ; le masculin, le féminin, le neutre, le singulier, le pluriel et les cas, sont les accidents des noms.

Ces cas sont au nombre de six, tant au pluriel qu'au

---

1. On dit ordinairement *crocodilus*, le crocodile. La mesure du vers a exigé *corcodilus*.
2. Sous-entendu *locutus est*.
3. Sous-entendu *respondit*.

singulier, savoir le *nominatif*, le *génitif*, le *datif*, l'*accusatif*, le *vocatif* et l'*ablatif*.

Les adjectifs ont aussi des genres, des nombres et des cas ; de plus, ils ont presque tous une forme *adverbiale*, et des *degrés de signification*, savoir : un comparatif en *ior*, et un superlatif en *imus, a, um*.

Les pronoms varient selon les *trois personnes*, et, de plus, ils changent de forme selon qu'ils sont sujets ou compléments, c'est-à-dire qu'ils ont des cas comme les noms.

Les verbes ont des *modes*, des *temps*, des *personnes* et des *voix*. Il y a trois personnes au singulier et trois au pluriel, comme dans les verbes français.

Les modes sont l'*indicatif*, l'*impératif*, le *subjonctif*, l'*infinitif* et le *participe*.

Les trois premiers sont appelés *modes personnels*, c'est-à-dire qu'ils ont les trois personnes au singulier et au pluriel.

L'infinitif et le participe sont appelés *modes impersonnels*, c'est-à-dire qu'on n'y distingue pas les personnes.

On compte un ou plusieurs *temps simples* à chaque mode.

L'indicatif en a six : le *présent*, l'*imparfait*, le *parfait*, le *plus-que-parfait*, le *futur* et le *futur passé*.

L'impératif n'a qu'un seul temps, le *présent* [1].

Le subjonctif en a quatre : le *présent*, l'*imparfait*, le *parfait* et le *plus-que-parfait*.

L'infinitif a deux temps simples : le *présent*, comme *amare*, aimer ; et le *parfait*, *amavisse*, avoir aimé.

1. Dans l'usage ordinaire, car M. L. Quicherat a très-bien prouvé dans sa *Lettre à M. Burnouf*, que les anciens grammairiens distinguaient un présent et un futur qui se sont confondus plus tard.

Le participe a deux temps aussi : le *présent*, comme *amans, antis*, aimant ; et le *futur*, comme *amaturus, a, um*, devant aimer.

Les *voix* sont, en latin, la *voix active* et la *voix passive*. Les verbes transitifs directs ont seuls les deux voix, les autres verbes n'en ont qu'une ; et il est plus exact alors de dire qu'ils ont la *forme active* ou la *forme passive*, ce qui d'ailleurs est indiqué par les noms qu'on leur donne.

Les verbes qui n'ont que la forme passive, comme *imitor*, j'imite ; *polliceor*, je promets, s'appellent *déponents*.

Ceux qui n'ont que la forme active, comme *studeo*, j'étudie ; *dormio*, je dors, rentrent dans les transitifs indirects ou les intransitifs. On les appelle quelquefois, mais moins bien, verbes *neutres*[1].

Quoi qu'il en soit, les verbes à la voix ou à la forme passive, n'ont que trois temps simples à l'indicatif : le *présent*, l'*imparfait* et le *futur* ; un à l'impératif ; deux au subjonctif : le *présent* et l'*imparfait* ; un à l'infinitif, le *présent* ; et deux au participe : le *futur*, en *dus, da, dum*, comme *amandus*, devant être aimé ; et le *passé*, en *us, a, um*, comme *verberatus*, ayant été frappé.

Ces deux participes, au neutre absolu, se prennent substantivement, et alors ils entrent, sous le nom de *gérondif* et de *supin*, dans l'infinitif actif, dont ils forment en quelque sorte des temps nouveaux. Ils se comportent d'ailleurs en tout comme l'infinitif lui-même, c'est-à-dire comme des noms ; ils peuvent être sujets de phrases, ou compléments de noms, de verbes, de prépositions.

[1]. Cette dénomination vient du mot *neuter*, ni l'un ni l'autre ; elle veut dire que ces verbes ne sont *ni actifs ni passifs*.

Toutes les formes variables des mots déclinables dépendent de certaines autres formes primitives, qu'on énonce toujours avant de rien dire sur les espèces ou les formes de ces mots.

Ce sont, pour les noms et les adjectifs qui n'ont qu'une forme commune aux trois genres, le nominatif et le génitif singuliers; pour les autres adjectifs, les nominatifs singuliers masculin, féminin et neutre.

Dans les verbes, tous les temps se forment du présent de l'infinitif, du présent et du parfait de l'indicatif, enfin du supin : ces quatre temps sont appelés les *temps primitifs* ou les *parties des verbes* [1].

Il est utile de les indiquer toutes les fois qu'on analyse un verbe, et de dire, par exemple, *dedit* de *dare*, *do*, *dedi*, *datum* [2], parce qu'ils permettent de recomposer toute la conjugaison.

Considérés dans leur ensemble, tous les noms de la langue latine ont été réunis en cinq classes, qu'on appelle les *cinq déclinaisons*.

Tous les adjectifs qualificatifs et les participes se rapportent à la première et à la seconde, ou à la troisième de ces déclinaisons.

Les adjectifs déterminatifs, que les Romains nommaient indistinctement *pronoms*, forment une sorte de

---

1. Ce nom de *parties des verbes* paraît venir de l'abbé de Dangeau, qui divisait les verbes français en parties ou sections dépendant chacune d'un temps primitif. On a appliqué à ces temps le nom de la série qu'ils produisaient dans chaque verbe. Voy. dans ses *Essais de grammaire* le discours X, n°s 1, 27 et 54.

2. Dans les classes on dispose souvent ces temps dans un autre ordre, savoir : *indicatif présent* et *parfait, supin* et *infinitif;* par exemple : *do, dedi, datum, dare.* Cette disposition n'est pas avantageuse. Les analogies du présent de l'infinitif sont toutes avec le présent de l'indicatif, elles ne sont jamais avec le parfait ni le supin.

sixième déclinaison, qui ne rentre complétement dans aucune des premières.

Enfin, les pronoms personnels en forment une septième, qui ne ressemble non plus à aucune des précédentes.

L'analyse ne doit indiquer ces divers groupes que lorsqu'elle ne donne pas les formes primitives des mots; car aussitôt que ces formes sont énoncées, la déclinaison est connue, et il est inutile de s'y arrêter davantage.

Les verbes ont de même été rangés sous quatre modèles généraux, qu'on appelle les quatre conjugaisons, et qu'on distingue par la terminaison de l'infinitif.

Plusieurs verbes, dont l'infinitif appartient à la troisième, ont de la quatrième le présent de l'indicatif et tous les temps qui en dérivent. Ils forment une sorte de cinquième conjugaison, ou conjugaison mixte.

Enfin les verbes irréguliers, du moins quelques-uns, ne peuvent se rapporter à aucune de ces cinq classes, et en forment en quelque façon une sixième.

Une analyse grammaticale bien faite n'a pas non plus à s'arrêter sur ces circonstances. Comme elle donne tout d'abord les temps primitifs des verbes, et que le présent de l'infinitif et celui de l'indicatif en sont les premiers, la conjugaison se trouve par cela seul aussi déterminée qu'elle peut l'être : il est superflu d'y ajouter un numéro d'ordre.

Voici quelques exercices où il faudra indiquer non-seulement l'espèce et la sous-espèce, mais aussi les formes accidentelles des mots.

EXERCICES.

Ier SUJET.

La société fait la force de l'homme.

(1) Duas res dedit homini Deus, quæ illum obnoxium validissimum facerent, rationem et societatem. (2) Itaque qui par esse nulli posset, si seduceretur, rerum potitur. (3) Societas illi dominium omnium animalium dedit. (4) Societas terris genitum in alienæ naturæ imperium transmisit, et dominari etiam in mari jussit. (5) Hæc morborum impetus arcuit, senectuti adminicula prospexit, solatia contra dolores dedit.

MODÈLE D'ANALYSE.

(1) *Duas*, de *duo*, *æ*, *o*, adjectif de nombre cardinal à l'accusatif pluriel féminin.

res, de *res*, *rei*, nom commun féminin pluriel à l'accusatif.

dedit, de *dare*, *do*, *dedi*, *datum*, verbe transitif direct à la 3e personne du parfait de l'indicatif actif.

homini, de *homo*, *inis*, nom commun masculin singulier au datif.

Deus, de *Deus*, *i*, nom propre de la Divinité, masculin singulier au nominatif.

quæ, de *qui*, *æ*, *od*, adjectif conjonctif féminin pluriel au nominatif.

illum, de *ille*, *a*, *ud*, adjectif démonstratif au singulier masculin et à l'accusatif.

obnoxium, de *obnoxius*, *a*, *um*, adjectif qualificatif singulier masculin à l'accusatif.

validissimum, de *validissimus*, *a*, *um*, adjectif qualificatif au superlatif singulier masculin, et à l'accusatif.

facerent, de *facere*, *io*, *feci*, *factum*, verbe transitif direct à l'imparfait du subjonctif et à la 3e personne du pluriel.

rationem, de *ratio*, *onis*, nom commun féminin singulier à l'accusatif.

et, conjonction copulative.

societatem, de *societas*, *atis*, nom commun féminin singulier à l'accusatif.

(2) *itaque*, conjonction copulative.

qui, de *qui*, *æ*, *od*, adjectif conjonctif masculin singulier au nominatif.

par, de *par*, *paris*, adjectif qualificatif singulier masculin au nominatif.

esse, de *esse*, *sum*, *fui* (sans supin), verbe abstrait au présent de l'infinitif.

nulli, de *nullus*, *a*, *um*, adjectif indéfini masculin singulier au datif.

FORMES ACCIDENTELLES DES MOTS. 19

posset, de *posse, possum, potui* (sans supin), verbe intransitif à l'imparfait du subjonctif, et à la 3ᵉ personne du singulier.

si, conjonction subordonnante.

seduceretur, de *seducere, co, xi, ctum*, verbe transitif direct à la voix passive, à l'imparfait du subjonctif et à la 3ᵉ personne du singulier.

rerum, de *res, rei*, nom commun féminin pluriel au génitif.

potitur, de *potiri, ior, itus sum*, verbe déponent et transitif indirect au présent de l'indicatif et à la 3ᵉ personne du singulier.

(3) *societas*, de *societas, atis*, nom commun féminin singulier au nominatif.

illi, de *ille, a, ud*, adjectif démonstratif singulier masculin au datif.

dominium, de *dominium, ii*, nom commun neutre singulier à l'accusatif.

omnium, de *omnis, e*, adjectif déterminatif indéfini au génitif neutre pluriel.

animalium, de *animal, alis*, nom commun neutre pluriel au génitif.

dedit, de *dare, do, dedi, datum*, verbe transitif direct au parfait de l'indicatif et à la 3ᵉ personne du singulier.

(4) *societas*, de *societas, atis*, nom commun féminin singulier au nominatif.

terris, de *terra, æ*, nom commun féminin pluriel au datif.

genitum, participe passé, de *gignere, o, genui, genitum*, à l'accusatif singulier masculin.

in, préposition qui gouverne ici l'accusatif.

alienæ, de *alienus, a, um*, adjectif qualificatif au génitif féminin singulier.

naturæ, de *natura, æ*, nom commun féminin singulier au génitif.

imperium, de *imperium, ii*, nom commun neutre singulier à l'accusatif.

transmisit, de *transmittere, tto, si, ssum*, verbe transitif direct au parfait de l'indicatif et à la 3ᵉ personne du singulier.

et, conjonction copulative.

dominari, de *dominari, or, atus sum*, verbe déponent et transitif indirect au présent de l'infinitif.

etiam, adverbe d'affirmation.

in, préposition qui gouverne ici l'ablatif.

mari, de *mare, is*, nom commun neutre singulier à l'ablatif.

jussit, de *jubere, eo, ssi, ssum*, verbe transitif direct au parfait de l'indicatif et à la 3ᵉ personne du singulier.

(5) *hæc*, de *hic, hæc, hoc*, adjectif démonstratif au nominatif singulier féminin.

morborum, de *morbus, i*, nom commun au pluriel et au génitif.

impetus, de *impetus, us*, nom commun masculin au pluriel et à l'accusatif.

arcuit, de *arcere, eo, ui* (sans supin), verbe transitif direct au singulier du parfait de l'indicatif et à la 3ᵉ personne.

senectuti, de *senectus, utis*, nom commun féminin singulier au datif.

adminicula, de *adminiculum*,

i, nom commun neutre pluriel à l'accusatif.

prospexit, de *prospicere*, *io*, *spexi*, *spectum*, verbe transitif direct au parfait de l'indicatif et à la 3ᵉ personne du singulier.

solatia, de *solatium*, *ii*, nom commun neutre à l'accusatif pluriel.

contra, préposition qui gouverne l'accusatif.

dolores, de *dolor*, *oris*, nom commun masculin pluriel à l'accusatif.

dedit, de *dare*, *o*, *dedi*, *datum*, verbe transitif direct à la 3ᵉ personne du singulier du parfait de l'indicatif.

IIᵉ SUJET.

État primitif de la république romaine.

(1) In duas partes ego civitatem divisam arbitror, sicut a majoribus accepi, in patres et plebem. (2) Antea in patribus summa auctoritas erat, vis multo maxima in plebe. (3) Itaque sæpius in civitate secessio fuit; semperque nobilitatis opes deminutæ sunt, et jus populi amplificatum. (4) Sed plebs eo libere agitabat quia nullius potentia super leges erat. (5) Neque divitiis aut superbia, sed bona fama factisque fortibus nobilis ignobilem anteibat. (Salluste, 1ʳᵉ *Lett. polit. à César.*)

IIIᵉ SUJET.

Utilité des vrais amis.

(1) Quum Augustus audivisset tandem Juliæ filiæ suæ flagitia, quæ tamdiu nescierat, parum potens iræ, hæc patefecit eam relegando. (2) Deinde, ubi interposito tempore, in locum iræ subiit verecundia, gemens quod non illa silentio pressisset, sæpe exclamavit : (3) « Horum mihi nihil accidisset, si aut Agrippa, aut Mæcenas vixisset. » (4) Intelligebat scilicet quam utile sit regi aut principi viro fidum amicum habere. (Seneca, *De benef.*, VI, 22.)

IVᵉ SUJET.

Mort de saint Martin.

(1) Tam erat sancta de illius gloria exsultatio, quam pia de

morte confusio¹. (2) Ignosceres flentibus, gratularere gaudentibus, quia et pium est gaudere Martino, et pium est flere Martinum; dum unusquisque et sibi præstat ut doleat, et illi debet ut gaudeat. (3) Hæc igitur beati viri corpus usque ad locum sepulchri hymnis canora cœlestibus turba prosequitur. (4) Comparetur, si placet, secularis illa pompa, non dicam funeris, sed triumphi; quid simile Martini exsequiis conferetur? (5) Ducant illi præ curribus suis vinctos post terga captivos; Martini corpus hi qui mundum ductu illius vicerant, prosequuntur. (6) Illos confusis plausibus populorum honoret insania; Martino divinis plauditur psalmis, Martinus hymnis cœlestibus honoratur. (7) Illi post triumphos suos in tartara sæva traduntur, Martinus Abrahæ sinu lætus excipitur. (8) Martinus hic pauper et modicus cœlum dives ingreditur, illinc nos, ut spero, custodiens, me hæc scribentem respicit, te legentem. (Sulpit. Severus, *Epist. ad Bassulam.*)

LEÇON IV.

Formes accidentelles composées.

Il y a dans la langue latine un certain nombre de formes accidentelles composées, c'est-à-dire pour lesquelles on emploie à la fois plusieurs mots.

Parmi les noms, il y en a quelques-uns de réunis en concordance, comme *respublica, jusjurandum;* d'autres le sont en dépendance ou en régime, comme *senatusconsultum, plebiscitum.*

Dans les adjectifs qualificatifs, il y a trois degrés de signification : le *positif*, le *comparatif* et le *superlatif;*

---

1. Ces premières phrases d'un style un peu recherché, contiennent toutes des oppositions fondées sur la douleur qu'on doit éprouver d'avoir perdu saint Martin comme habitant de cette terre, et la joie qu'on doit ressentir de le savoir heureux dans le sein de la Divinité.

ces deux derniers s'expriment quelquefois par deux mots, comme dans *magis pius, maxime pius*; les comparatifs d'égalité et d'infériorité *tam fortis*, *minus fortis*, et le superlatif d'infériorité *minime fortis*, sont toujours de cette forme.

Dans les verbes, les formes composées sont assez nombreuses : d'abord dans la voix active, 1° le futur et le futur passé de l'infinitif : *amaturum, amaturam, esse*, et *amaturum, am, fuisse*; 2° les futurs et futurs passés du subjonctif : *amaturus, a, sim; amaturus, a, essem*, etc.; ensuite à la voix passive, 3° les mêmes temps du futur et du subjonctif, *amandum, am, esse; amandum, am, fuisse; amandus, a, sim;* etc.; 4° toute la série des temps qui se forment du parfait : *amatus, a, sum* ou *fui; amatus, a, eram* ou *fueram; amatus, a, ero* ou *fuero; amatus, a, sim* ou *fuerim; amatus, a, essem* ou *fuissem; amatum, am, esse* ou *fuisse*.

Ces mêmes compositions se retrouvent dans les verbes déponents, et même dans quelques verbes irréguliers, comme *audere, eo*, oser; *gaudere, eo*, se réjouir; qui suivent la forme passive aux temps de la série du passé, *ausus sum* ou *fui*, j'ai osé; *gavisus sum* ou *fui*, je me suis réjoui [1].

Je ne parle ici ni des adverbes, ni des prépositions, ni des conjonctions composées, qui, s'écrivant presque toujours en un seul mot et restant invariables, n'offriront aucune difficulté.

Mais la remarque générale à faire sur ces formes d'ailleurs beaucoup moins habituelles que les formes

---

[1]. On a appelé ces verbes *neutres-passifs*; c'est une bien mauvaise dénomination, dont les termes mêmes se contredisent, puisque le verbe *neutre* est toujours défini celui qui n'est *ni actif ni passif*. Burnouf a proposé le nom de *semi-déponent* qui est en effet fort bon et mérite d'être adopté.

simples, c'est qu'on en peut rendre compte de deux façons, soit en laissant ensemble les mots qui y entrent, et les analysant comme un seul; soit en les séparant et rendant compte de chaque mot successivement. La première est presque toujours plus facile à la fois et plus satisfaisante pour l'esprit [1].

EXERCICES.

Ier SUJET [2].

Discours de Tullus aux Romains et aux Albains après la trahison de ceux-ci.

(1) Dimicatum est non magis cum hostibus quam cum proditione ac perfidia sociorum.... (2) Nec ea culpa quam arguo omnium Albanorum est, ducem secuti sunt.... (3) Populum omnem Albanum Romam traducere in animo est; unam urbem, unam rempublicam facere. (4) Ut ex uno quondam in duos populos divisa Albana res est, sic nunc in unum redeat. (Liv., *Hist. Rom.*, I, 28.)

[1]. Cela se voit surtout dans certains latinismes, par exemple dans les impersonnels passifs aux temps composés. *Itum est* veut dire *on est allé*, et s'analyse très-bien ainsi : « troisième personne du singulier du parfait de l'indicatif. » Mais si l'on sépare *est* de *itum* que fera-t-on de celui-ci? et quelle idée les enfants pourront-ils en concevoir, lorsque absolument nous n'avons pas chez nous de tournure équivalente? Il en est de même des futurs formés dans les mêmes verbes avec le gérondif (ou participe futur passif pris substantivement). Cicéron écrit (*Tusc.*, I, 8) : *Ita ne moriendum quidem esse malum est*; « ainsi ce n'est pas un mal qu'il faille mourir. » *Moriendum esse* donné comme l'infinitif futur impersonnel de *mori* n'a pas de difficulté; mais si vous séparez *esse* de *moriendum* vous serez fort embarrassé, après avoir rendu *esse* par *être*, de trouver un mot ou une locution française qui réponde à *moriendum*.

[2]. Je ne répète pas le sujet qui nous a servi jusqu'ici de modèle, parce qu'il ne contient aucun exemple de formes composées; j'ajoute la traduction littérale du sujet donné. « Il a été combattu (c'est-à-dire : nous avons eu à combattre) autant avec nos ennemis qu'avec la perfidie et la trahison de nos alliés.... (2) Et cette faute que j'accuse n'est pas celle de tous les Al-

FORMES ACCIDENTELLES COMPOSÉES.

MODÈLE D'ANALYSE.

(1) *Dimicatum est*, de *dimicare, o, avi, atum*, verbe transitif indirect, pris au passif impersonnel, au parfait de l'indicatif[1].

non, adverbe de négation.

magis, adverbe de comparaison.

cum, préposition qui régit l'ablatif.

hostibus, de *hostis, is*, nom commun masculin pluriel à l'ablatif.

quam, conjonction de comparaison.

cum, préposition qui gouverne l'ablatif.

proditione, de *proditio, onis*, nom commun féminin singulier à l'ablatif.

ac, conjonction copulative.

perfidia, de *perfidia, æ*, nom commun féminin singulier à l'ablatif.

sociorum, de *socius, ii*, nom commun masculin pluriel au génitif.

(2) *nec*, conjonction négative.

ea, de *is, ea, id*, adjectif démonstratif au nominatif singulier féminin.

culpa, de *culpa, æ*, nom commun féminin singulier au nominatif.

quam, de *qui, æ, od*, adjectif conjonctif à l'accusatif singulier féminin.

arguo, de *arguere, o, is, ui,*

utum, verbe transitif direct à la 1re personne du singulier du présent de l'indicatif actif.

omnium, de *omnis, e*, adjectif déterminatif, indéfini au génitif pluriel masculin.

Albanorum, de *Albanus, i*, nom propre de peuple au génitif masculin pluriel.

est, de *esse, sum, fui*, verbe abstrait à la 3e personne du singulier de l'indicatif présent.

ducem, de *dux, ducis*, nom commun masculin singulier à l'accusatif.

secuti sunt, de *sequi, sequor, secutus sum*, verbe déponent à la 3e personne plurielle du parfait de l'indicatif.

(3) *populum*, de *populus, i*, nom commun masculin singulier à l'accusatif.

omnem, de *omnis, e*, adjectif déterminatif indéfini à l'accusatif singulier masculin.

Albanum, de *Albanus, i*, nom propre de peuple à l'accusatif singulier masculin.

Romam, de *Roma, æ*, nom propre de ville singulier féminin à l'accusatif.

traducere, de *traducere, duco, duxi, ductum*, verbe transitif direct au présent de l'infinitif.

in, préposition qui régit l'ablatif.

bains; ils ont suivi leur chef..... (3) Il est dans mon esprit (j'ai l'intention) de transporter tout le peuple albain à Rome, de faire une seule ville, une seule république. (4) Comme autrefois l'État albain a été divisé d'un seul peuple en deux, qu'ainsi maintenant il revienne en un seul. »

1. Quand il s'agit d'un verbe impersonnel on n'a pas besoin de dire qu'il est au singulier et à la troisième personne, puisqu'il n'y a que cela chez lui.

FORMES ACCIDENTELLES COMPOSÉES.

animo, de *animus, i*, nom commun masculin singulier à l'ablatif.
est, de *esse, sum, fui*, verbe abstrait à la 3ᵉ personne du singulier du présent de l'indicatif.
unam, de *unus, a, um*, adjectif de nombre cardinal à l'accusatif singulier féminin.
urbem, de *urbs, bis*, nom commun singulier féminin à l'accusatif.
unam, de *unus, a, um*, adjectif de nombre cardinal à l'accusatif singulier féminin.
rempublicam, de *respublica, reipublicæ*, nom composé commun féminin singulier, à l'accusatif.
facere, de *facere, cio, feci, factum*, verbe transitif direct au présent de l'infinitif.
(4) *ut*, conjonction subordonnante.
ex, préposition qui gouverne l'ablatif.
uno, de *unus, a, um*, adjectif de nombre cardinal singulier masculin à l'ablatif.
quondam, adverbe de temps.

in, préposition qui régit ici l'accusatif.
duos, de *duo, æ, o*, adjectif de nombre cardinal masculin pluriel à l'accusatif.
populos, de *populus, i*, nom commun masculin pluriel à l'accusatif.
divisa est, de *dividere, do, di. sum*, verbe transitif direct au parfait de l'indicatif de la voix passive, à la 3ᵉ personne du singulier.
Albana, de *Albanus, a, um*, adjectif qualificatif au nominatif singulier féminin.
res, de *res, rei*, nom commun féminin singulier au nominatif.
sic, adverbe d'affirmation.
nunc, adverbe de temps.
in, préposition qui régit ici l'accusatif.
unum, de *unus, a, um*, adjectif de nombre cardinal à l'accusatif singulier masculin.
redeat, de *redire, eo, ii, itum*, verbe transitif indirect au présent du subjonctif et à la 3ᵉ personne du singulier.

IIᵉ SUJET.

Réflexions sur la vie future[1].

(1) Jam video totum quod cupis. (2) Nam quoniam neminem scientia miserum esse credis, probabile est ut intelligentia efficiat beatum. (3) ɔatus autem quoniam nemo (est) nisi vivens, et nemo vivit qui non est : esse vis, vivere et intelligere; sed esse ut vivas, vivere ut intelligas. (4) Ergo esse te

1. Ces réflexions métaphysiques peuvent sembler un peu abstraites aux enfants, on les leur fera passer; elles ne sont là que pour amener les dernières phrases où se trouvent des temps composés.

26 FORMES ACCIDENTELLES COMPOSÉES.

scis, vivere te scis, intelligere te scis. (5) Sed utrum ista semper futura sint, an nihil horum futurum sit vis nosse. (6) An maneat aliquid semper et aliquid intercidat; an minui et augeri hæc possint quum omnia mansura sint, nosse vis. (D. Augustin., *Soliloq.*, II, au comm.)

IIIe SUJET.

Commencement d'une lettre sur le roi Théodoric.

(1) Sæpenumero postulavisti, ut, quia Theodorici, regis Gothorum, commendat popularis fama civilitatem, litteris tibi formæ suæ ¹ quantitas, vitæ qualitas significaretur. (2) Pareo libens in quantum epistolaris pagina sinit, laudans in te tam delicatæ sollicitudinis ingenuitatem. (3) Ipse etenim vir est, et illis dignus agnosci, qui eum minus familiariter intuentur. (4) Ita personam suam Deus arbiter, et ratio naturæ, consummatæ felicitatis dote sociata, cumulaverunt! (5) Mores autem hujuscemodi ut laudibus eorum ne regni quidem defraudet invidia. (Sidon. Apollin., *Epistol.*, I, 2.)

LEÇON V.

Relations syntaxiques des mots.

L'analyse, pour être complète, doit exprimer les relations des mots entre eux dans les phrases où ils entrent.

Un *nom* est *sujet* ou *complément*. S'il est sujet, on dit de quel verbe ; s'il est complément, on dit de quel mot.

_{1. Dans la bonne latinité on aurait dit *ejus* ou *illius* ; de même, quelques lignes plus bas, on trouve *personam suam* qui n'est pas correct. Sidoine Apollinaire vivait au ve siècle de notre ère, et déjà la langue latine avait beaucoup perdu de sa pureté.}

S'il est précédé d'une préposition, on dit qu'il est *complément de la préposition*, ou *complément indirect* du mot qu'elle détermine.

L'*adjectif* se *rapporte* au nom; il s'accorde avec lui en *genre*, en *nombre* et en *cas*.

S'il se rapporte à plusieurs noms, on le met au pluriel; si les noms sont des noms de personnes et de différents genres, on le met au masculin; si ce sont des noms de choses, on le met au pluriel neutre.

Au neutre, surtout au singulier, l'adjectif peut ne se rapporter à rien; on dit alors qu'il est pris *absolument* ou *substantivement*.

Les pronoms, et particulièrement les adjectifs démonstratifs qui, en latin, remplacent le pronom de la troisième personne, suivent pour l'accord la même règle que l'adjectif.

Le *verbe* s'accorde avec son sujet en *nombre* et en *personne*. Ce sujet est toujours *ego*, je; *nos*, nous; *tu*, tu; *vos*, vous, pour les deux premières personnes; pour la troisième ce sont les déterminatifs *is*, *hic*, *ille*, *iste*, *ipse*, *idem*, *quidam*, *quilibet*, etc., un nom propre ou commun, un adjectif pris substantivement, ou enfin un infinitif.

Il faut pourtant excepter les impersonnels, dont le sujet la plupart du temps est compris dans le verbe même et ne peut s'en séparer [1].

La syntaxe de régime est beaucoup plus complexe en latin qu'en français. Les noms, les adjectifs, les

---

1. Le français a séparé ce sujet dans *il pleut*, *il neige*, *il faut*, etc.; mais la séparation n'est guère que pour l'œil : le pronom ne se rapportant à aucun nom n'apporte pas à la pensée d'autre idée que la terminaison *t* dans les verbes latins ou que notre verbe tout seul *pleut*, *neige*, *faut*; il indique une troisième personne; c'est tout ce que nous en pouvons dire. Voy. Priscien dans Putsch., p. 1042.

pronoms et les participes ont quatre cas qui peuvent servir de complément, savoir : le *génitif*, le *datif*, l'*accusatif* et l'*ablatif*.

Le *génitif* est presque toujours complément d'un nom, quelquefois d'un adjectif ou d'un verbe.

Le *datif* est ordinairement complément d'un verbe; il l'est quelquefois d'un adjectif.

L'*accusatif* et l'*ablatif* sont compléments de verbes ou de prépositions exprimées ou sous-entendues. Les adjectifs, d'ailleurs peu nombreux, qui gouvernent l'ablatif, peuvent être considérés comme ayant une préposition sous-entendue après eux.

L'accusatif complément du verbe forme une locution particulière à la langue latine, avec les verbes impersonnels *pœnitet*, *pudet*, *piget*, *tædet* et *miseret*. Dans l'analyse de cette formule, il est absurde de faire du pronom le sujet de ces verbes; il est difficile, quelquefois même impossible, de l'en séparer comme un complément ordinaire[1]; ce qu'il y a de plus commode c'est de traiter ces verbes dans l'analyse comme nous traitons nos réfléchis absolus, c'est-à-dire d'analyser d'ensemble l'expression totale, sans séparer les éléments qui la forment. On dira donc *me miseret* ou *regem miseret*, verbe impersonnel avec complément à l'accusatif.

L'accusatif latin sert particulièrement, à la façon de notre conjonction *que*, à joindre deux propositions, dont la secondaire devient alors une sorte de complément direct de l'autre : *Je crois que vous pleurez*, c'est-à-dire *je crois vous pleurer*, CREDO TE FLERE, comme nous

---

[1]. Par exemple aux passés composés qui affectent la forme passive, comme *me misertum est*, *me pertæsum est*, etc.

disons nous-mêmes, *je crois m'être trompé*, pour *je crois que je me suis trompé*[1].

L'accusatif sert encore à rendre une proposition complète que nous avons dans l'esprit, et que nous n'exprimons que comme complément d'un des termes de la proposition effective[2]. Cette forme remarquable est quelquefois embarrassante pour ceux qui commencent le latin.

L'ablatif à son tour s'emploie souvent sous le nom d'*ablatif absolu*, et surtout avec un participe présent ou passé, pour exprimer l'état où sont les choses au moment où l'on parle. *Superbo regnante* (Cic., *Tusc.*, I, 17), « sous le règne de Tarquin le Superbe. » *Partibus factis* (Phæd.), « les parts étant faites, » comme si l'on disait *après les parts faites*, en traduisant *après* par *a* ou *ab*, et retranchant la préposition.

Telles sont les principales formes spéciales à la syntaxe latine dont on a à rendre compte dans l'analyse grammaticale. Quant à la liaison des phrases par les

---

1. C'est cette théorie qu'on appelle, dans nos basses classes, les règles du *que retranché*. On la simplifierait beaucoup en montrant et faisant bien concevoir aux enfants ces tournures françaises qui, tirées de la forme latine, y sont restées tout à fait semblables. *On le dit être sorti* pour *on dit qu'il est sorti*, etc.

2. C'est ce qu'on appelle quelquefois une *proposition infinitive*. En voici un exemple de Cicéron (*Tusc.*, I, 12): *Nisi hæsisset in eorum mentibus mortem non interitum esse omnia tollentem atque delentem*, « s'il n'eût été bien arrêté dans leurs esprits, que la mort n'est pas une disparition enlevant et détruisant tout. » Pour la pensée, *mortem non interitum esse*, etc., est le sujet de la phrase. D'où vient qu'il est à l'accusatif? C'est que l'expression complète serait : *Nisi (hoc, scilicet mortem non esse*, etc.) *hæsisset in eorum mentibus; si* (ceci, savoir *la mort n'être pas*, etc.) n'eût été fixé dans leurs esprits. Il est tout simple que *mortem* soit à l'accusatif puisqu'il est complément direct de l'impératif *sci* de *scire, scio*, compris dans *sci-licet*. Sans blâmer le nom de *proposition infinitive* qui, en latin surtout, peut être commode, je crois qu'il est plus simple d'y voir un complément de la proposition réelle.

conjonctions ou les adjectifs conjonctifs, elle est pour le latin ce qu'elle est dans les autres langues, et ne doit pas nous arrêter.

EXERCICES.

Ier SUJET.

La société fait la force de l'homme.

(1) Duas res dedit homini Deus quæ illum obnoxium validissimum facerent, rationem et societatem. (2) Itaque qui par esse nulli posset si seduceretur, rerum potitur. (3) Societas illi dominium omnium animalium dedit. (4) Societas terris genitum in alienæ naturæ imperium transmisit et dominari etiam in mari jussit. (5) Hæc morborum impetus arcuit, senectuti adminicula prospexit, solatia contra dolores dedit.

MODÈLE D'ANALYSE.

(1) *Duas*, de *duo*, *æ*, *o*, adjectif de nombre cardinal à l'accusatif pluriel féminin, parce qu'il se rapporte à *res*.

res, de *res*, *rei*, nom commun féminin pluriel à l'accusatif, parce qu'il est complément direct de *dedit*.

dedit, de *dare*, *do*, *dedi*, *datum*, verbe transitif direct à la 3e personne du parfait de l'indicatif, parce qu'il se rapporte à son sujet *Deus*.

homini, de *homo*, *inis*, nom commun masculin singulier au datif, parce qu'il est le complément indirect de *dedit*.

Deus, de *Deus*, *i*, nom propre de la Divinité masculin singulier, au nominatif parce qu'il est sujet de la phrase.

quæ, de *qui*, *æ*, *od*, adjectif conjonctif féminin pluriel, parce qu'il se rapporte à *res*; au nominatif, parce qu'il est sujet de *facerent*.

illum, de *ille*, *a*, *ud*, adjectif démonstratif au masculin singulier, parce qu'il se rapporte à *hominem* sous-entendu; mis à l'accusatif, parce qu'il est complément direct de *facerent*.

obnoxium, de *obnoxius*, *a*, *um*, adjectif qualificatif à l'accusatif singulier masculin, parce qu'il se rapporte à *illum*.

validissimum, de *validissimus*, *a*, *um*, adjectif qualificatif au superlatif et à l'accusatif singulier masculin, parce qu'il se rapporte à *illum*.

facerent, de *facere*, *io*, *feci*, *fac-*

tum, verbe transitif direct à l'imparfait du subjonctif, et à la 3ᵉ personne du pluriel parce qu'il se rapporte à son sujet *quæ*.

rationem, de *ratio, onis*, nom commun féminin singulier, à l'accusatif parce qu'il est complément direct de *dedit*.

et, conjonction copulative.

societatem, de *societas, atis*, nom commun féminin singulier, à l'accusatif parce qu'il est complément direct de *dedit*.

(2) *itaque*, conjonction copulative.

qui, de *qui, æ, od*, adjectif conjonctif masculin singulier parce qu'il se rapporte à *homo* sous-entendu, et au nominatif parce qu'il est sujet de *posset*.

par de *par, paris*, adjectif qualificatif, singulier masculin, au nominatif parce qu'il se rapporte à *qui homo*.

esse, de *esse, sum, fui* (sans supin), verbe abstrait au présent de l'infinitif parce qu'il est complément de *posset*.

nulli, de *nullus, a, um*, adjectif déterminatif indéfini singulier masculin parce qu'il est pris absolument dans le sens d'un être vivant (ou neutre, parce qu'il se rapporte à *animali* sous-entendu), et au datif parce qu'il est le complément de *par*.

posset, de *posse, sum, potui* (sans supin), verbe intransitif à l'égard des noms, mais transitif à l'égard des verbes, à l'imparfait du subjonctif et à la 3ᵉ personne du singulier, parce qu'il a pour sujet *qui*.

si, conjonction subordonnante.

seduceretur, de *seducere, co, xi, ctum*, verbe transitif direct à la voix passive, à l'imparfait du subjonctif, et à la 3ᵉ personne du singulier, parce qu'il se rapporte à *is* ou *ille* sous-entendu, rappelant *homo*.

rerum, de *res, rei*, nom commun féminin pluriel, au génitif parce qu'il est complément de *potitur*.

potitur, de *potiri, ior, itus sum*, verbe déponent de sens transitif indirect au présent de l'indicatif, et à la 3ᵉ personne du singulier parce qu'il se rapporte à *homo* sous-entendu.

(3) *societas*, de *societas, atis*, nom commun féminin singulier, au nominatif parce qu'il est sujet de *dedit*.

illi, de *ille, a, ud*, adjectif démonstratif, au datif singulier masculin parce qu'il se rapporte à *homini* sous-entendu, et complément indirect de *dedit*.

dominium, de *dominium, ii*, nom commun neutre singulier, à l'accusatif parce qu'il est le complément direct de *dedit*.

omnium, de *omnis, e*, adjectif déterminatif indéfini, au génitif pluriel neutre parce qu'il se rapporte à *animalium*.

animalium, de *animal, alis*, nom commun neutre pluriel, au génitif parce qu'il est complément de *dominium*.

dedit, de *dare, do, dedi, datum*, verbe transitif direct au parfait de l'indicatif, et à la 3ᵉ personne du singulier parce qu'il se rapporte à *societas*.

(4) *societas*, de *societas, atis*, nom commun féminin singulier au nominatif, parce qu'il est

sujet de *transmisit* et de *jussit*.

terris, de *terra, æ*, nom commun féminin pluriel, au datif parce qu'il est complément de *genitum*.

genitum, de *genitus, a, um*, participe passé passif, de *gignere, o, genui, genitum*, à l'accusatif singulier masculin parce qu'il se rapporte à *hominem* sous-entendu.

in, préposition qui gouverne ici l'accusatif.

alienæ, de *alienus, a, um*, adjectif qualificatif, au génitif singulier féminin parce qu'il se rapporte à *naturæ*.

naturæ, de *natura, æ*, nom commun féminin singulier, au génitif parce qu'il est complément de *imperium*.

imperium, de *imperium, ii*, nom commun neutre singulier, à l'accusatif parce qu'il est complément de *in*.

transmisit, de *transmittere, tto, si, ssum*, verbe transitif direct au parfait de l'indicatif, et à la 3ᵉ personne du singulier parce qu'il se rapporte à *societas*.

et, conjonction copulative.

dominari, de *dominari, or, atus sum*, verbe déponent et de sens transitif indirect, au présent de l'infinitif, parce qu'il est complément de *jussit*.

etiam, adverbe d'affirmation.

in, préposition qui gouverne ici l'ablatif.

mari, de *mare, is*, nom commun neutre singulier, à l'ablatif parce qu'il est complément de *in*.

jussit, de *jubere, eo, jussi, jussum*, verbe transitif direct au parfait de l'indicatif et à la 3ᵉ personne du singulier, parce qu'il se rapporte à *societas*.

(5) *hæc*, de *hic, hæc, hoc*, adjectif démonstratif, au nominatif singulier féminin parce qu'il se rapporte à *societas* sous-entendu, et sujet des verbes *arcuit, prospexit* et *dedit*.

morborum, de *morbus, i*, nom commun masculin au pluriel, et au génitif parce qu'il est complément de *impetus*.

impetus, de *impetus, us*, nom commun masculin au pluriel, et à l'accusatif parce qu'il est complément direct de *arcuit*.

arcuit, de *arcere, eo, ui* (sans supin), verbe transitif direct au singulier du parfait de l'indicatif, et à la 3ᵉ personne parce qu'il se rapporte à *hæc*, son sujet.

senectuti, de *senectus, utis*, nom commun féminin singulier, au datif parce qu'il est complément indirect de *prospexit*.

adminicula, de *adminiculum, i*, nom commun neutre pluriel, à l'accusatif parce qu'il est le complément direct de *prospexit*.

prospexit, de *prospicere, io, prospexi, prospectum*, verbe transitif direct au parfait de l'indicatif, et à la 3ᵉ personne du singulier parce qu'il se rapporte à son sujet *hæc*.

solatia, de *solatium, ii*, nom commun neutre, à l'accusatif pluriel parce qu'il est le complément direct de *dedit*.

contra, préposition qui gouverne l'accusatif.

dolores, de *dolor, oris*, nom commun masculin pluriel, à l'accusatif parce qu'il est le complément de la préposition *contra*.
dedit, de *dare, do, dedi, datum*, verbe transitif direct au parfait de l'indicatif, et à la 3ᵉ personne du singulier parce qu'il se rapporte à *hæc*, son sujet.

IIᵉ SUJET.

Chrémès frappe à la porte de Ménédème pour lui apprendre le retour de son fils.

(1) Lucescit hoc jam : cesso pultare ostium
Vicini, primum ex me ut sciat sibi filium
Redisse, etsi adolescentem hoc nolle intelligo.
(2) Verum quum videam miserum hunc tam excruciarier [1]
Ejus abitu, celem tam insperatum gaudium,
Quum illi pericli nihil ex indicio fiet?
(3) Haud faciam : nam, quod potero, adjutabo senem.
(4) Item ut filium meum amico atque æquali suo
Video inservire, et socium esse in negotiis
Nos quoque senes est æquum senibus obsequi.
(Ter., *Heautontim.*, act. III, sc. 1.)

IIIᵉ SUJET.

Les Grecs ont précédé les Romains dans l'étude des lettres.

(1) Doctrina Græcia nos et omni literarum genere superabat, in quo erat facile vincere non repugnantes. (2) Nam quum apud Græcos antiquissimum sit e doctis genus poetarum, siquidem Homerus fuit, et Hesiodus ante Romam conditam, Archilochus regnante Romulo; serius poeticam nos accepimus. (3) Annis fere quingentis et decem post Romam conditam, Livius fabulam dedit, C. Claudio Cæci filio, M. Tuditano consulibus, anno ante natum Ennium. (4) Qui (Livius) fuit major natu quam Plautus et Nævius. (Cic., *Tusculan.*, I, c. 1.)

1. *Excruciarier*, forme ancienne pour *excruciari*. Les infinitifs passifs latins étaient terminés en *ier* au lieu de l'être en *i*.

IVᵉ SUJET.

Origine des Germains.

(1) Ipsos Germanos indigenas crediderim, minimumque aliarum gentium adventibus et hospitiis mixtos : (2) quia nec terra olim, sed classibus advehebantur qui mutare sedes quærebant; (3) et immensus ultra, utque sic dixerim, adversus Oceanus raris ab orbe nostro navibus aditur. (4) Quis porro, præter periculum horridi et ignoti maris, Asia aut Africa, aut Italia relicta, Germaniam peteret, informem terris, asperam cœlo, tristem cultu aspectuque, nisi si patria sit? (Tacit., *German.*, 2.)

Vᵉ SUJET.

Les vers rétrogrades.

(1) Habentur pro recurrentibus versus qui, pedum lege servata, etsi non per singulos apices [1], per singula tamen verba replicantur. (2) Tale est unum distichon meum, quod de rivulo lusi, qui repentino procellarum pastus illapsu, publicumque aggerem confragoso diluvio supergressus, subdita culta viæ inundaverat, quanquam depositurus insanam mox abundantiam; (3) quippe quam pluviis appendicibus intumescentem, nil superna venæ perennis pondera inflarent [2]. (4) Igitur istic (nam viator adveneram) dum magis ripam quam vadum quæro, tali jocatus epigrammate, per turbulenti terga torrentis iis saltem pedibus incessi [3].

---

1. *Apices*, des lettres. Sidoine vient de parler des vers rétrogrades par lettres, où l'on trouve toujours les mêmes syllabes, en les lisant de droite à gauche ou de gauche à droite; tels sont, en français, les deux mots *asile élisa*.

2. Voici le mot à mot de cette phrase un peu alambiquée : « puisque le poids du haut (c'est-à-dire la quantité à la partie supérieure) de sa veine perpétuelle n'augmentait pas cette abondance, enflée seulement par ce qu'y avaient ajouté les pluies. »

3. Jeu de mots, fondé sur ce qu'en latin les parties des vers s'appellent des pieds. « Je me suis avancé par ces pieds sur le dos du torrent; » c'est-à-dire j'ai fait ces vers sur ce sujet.

(5) Præcipiti modo quod decurrit tramite flumen
 Tempore consumptum, jam modo deficiet.
(6) Hos si recurras, ita legitur :
 Deficiet modo jam consumptum tempore flumen
 Tramite decurrit quod modo præcipiti.
(Sidon. Apollin., *Epist.*, IX, 14.)

VIᵉ SUJET.

Un poëte chrétien déclare ne pouvoir adorer les dieux mythologiques.

(1) Quid rusticorum monstra detester deûm,
 Faunos, Priapos, fistularum præsides?
 Nymphas natantes, incolasque aquatiles,
 Sitas sub alto, more ranarum, lacu?
 Divinitatis jus in algis vilibus?
(2) Ad hæc colenda me vocas, censor bone?
(3) Potesne quidquam tale, si sanum sapis.
 Sanctum putare? (4) Nonne pulmonem movet
 Derisus istas intuens ineptias
 Quas vinolentæ somniis fingunt anus?
(Prudent., *Peri Stephan.*, p. 143.)

VIIᵉ SUJET.

Les déclamations dans les écoles des rhéteurs.

(1) Num alio genere furiarum declamatores inquietantur, qui clamant : (2) « Hæc vulnera pro libertate publica excepi ; hunc oculum pro vobis impendi. (3) Date mihi ducem qui me ducat ad liberos meos : nam succisi poplites membra non sustinent. » (4) Hæc ipsa tolerabilia essent, si ad eloquentiam ituris viam facerent. (5) Nunc et rerum tumore, et sententiarum vanissimo strepitu hoc tantum proficiunt ut, quum in forum venerint, putent se in alium terrarum orbem delatos. (6) Et ideo ego adolescentulos existimo in scholis stultissimos fieri, quia nihil ex iis quæ in usu habemus, aut audiunt, aut vident; (7) sed piratas cum catenis in littore stantes ; sed tyrannos edicta scribentes quibus imperent filiis ut patrum suo-

rum capita præcidant ; (8) sed responsa in pestilentiam data, ut virgines tres aut plures immolentur ; (9) sed mellitos verborum globulos et omnia dicta factaque quasi papavere et sesamo sparsa. (Petron., *Satyr.*, I.)

LEÇON VI.

Figures de construction.

Les figures de construction dont on a à s'occuper dans l'analyse grammaticale sont surtout l'*inversion* et l'*ellipse*.

On appelle *inversion* tout changement à l'ordre analytique des mots. Il y a donc inversion dans cette phrase : *Hannonem belli suscepti pœnitebat* (Liv.), « Hannon se repentait d'avoir entrepris la guerre, » puisque les compléments du verbe sont avant lui. Mais comme cette inversion et une multitude d'autres sont dans le génie et l'habitude de la langue latine, on n'a pas à la remarquer ; de même qu'en français si nous analysons la phrase, *ce livre me plaît*, nous ne disons pas qu'il y a une inversion dans ce complément *me*, mis avant le verbe qui le régit.

Les inversions dont il s'agit sont celles qui ne sont pas habituelles ou qui même sont contraires à la construction latine ; et il y en a de ce genre, puisque les grammairiens latins ont pris la peine de remettre en ordre et d'expliquer certaines tournures des écrivains ou des poëtes, par exemple le vers de Virgile :

Saxa vocant Itali mediis quæ in fluctibus *aras;*

« les Italiens nomment *autels* des rochers qui s'élèvent

au milieu des flots, » dont l'ordre analytique est : *Itali vocant aras saxa quæ* (*sunt*) *in mediis fluctibus*.

Quand il se rencontre dans un sujet d'analyse une inversion de ce genre, il est toujours à propos de l'expliquer.

L'*ellipse* consiste dans le retranchement de quelque mot déjà exprimé, ou assez facile à sous-entendre pour qu'on ne l'exprime pas du tout. Quand nous lisons : *Conjugata dicuntur quæ sunt ex verbis generis ejusdem* (Cic., *Topic.*, 3), il faut sous-entendre *verba* après *dicuntur* ou devant *quæ* : « on appelle *conjugués* (les mots) qui sont de la même famille. »

Il faut que l'élève reconnaisse une ellipse, sans quoi il pourrait croire que, dans cette phrase, *conjugata* est par soi-même un substantif, et que c'est à lui que se rapporte *quæ*, tandis que c'est à *verba*, qui est seulement qualifié par *conjugata* [1].

Outre l'inversion et l'ellipse, on compte encore deux figures de construction beaucoup moins communes et moins importantes : c'est le *pléonasme* et la *syllepse*.

Le *pléonasme* consiste à ajouter dans la phrase quelque mot qui n'est pas nécessaire au sens, qui même fait double emploi avec un autre, comme quand Cicéron dit : *Hunc cedere curasti quem a senatu, quem a bonis omnibus, quem a cuncta Italia desideratum confiteris* (*Pro domo sua*, c. III, n° 5) ; « tu as forcé de s'éloigner celui *que* le sénat, *que* les bons citoyens,

---

[1]. Les grammairiens ont nommé *zeugme* ou *adjonction* cette ellipse particulière où le mot sous-entendu est exprimé soit avant, soit après. Le zeugme est *simple* quand le mot exprimé est absolument le même que le sous-entendu. Le zeugme est composé quand les deux mots diffèrent par quelqu'une de leurs formes accidentelles, comme nous avons vu que *verbis* faisait sous-entendre *verba*. Le zeugme enfin devient souvent très-difficile à comprendre quand le mot sous-entendu a un sens très-différent de celui du mot exprimé.

que toute l'Italie regrettaient de ton aveu; » ces trois *quem* sont certainement inutiles au sens, un seul suffisait; les deux autres ont été ajoutés par *pléonasme*, pour donner plus de force à la pensée.

L'élève, après avoir dit que le premier *quem* est le complément direct de *confiteris*, ne doit pas s'imaginer que le second est autre chose. C'est le même complément redoublé. Il répétera donc la même analyse sur les deux mots, quitte à dire que c'est un pléonasme, si on lui fait l'objection qu'il se répète.

La *syllepse* consiste dans l'accord irrégulier de deux mots, comme quand Horace a dit : *Fatale monstrum quæ generosius perire quærens* (*Carm.*, I, 37, v. 21), où *monstrum* étant du neutre, le *quæ* qui s'y rapporte est au féminin. La raison de cette irrégularité est que ce monstre n'est autre chose que Cléopâtre, et la pensée du poëte se portant sur cette reine malgré le nom de *monstre* qu'il lui a donné, il y rapporte le conjonctif, sans faire attention qu'il ne l'a pas nommée.

Il faut, dans une analyse bien faite, indiquer cette singularité d'accord : car si on analyse *quæ* en disant *adjectif conjonctif au singulier féminin, se rapportant à monstrum*, il faut bien ajouter : *quoique ce nom soit du neutre;* et à ce point un maître habile ne peut guère laisser une telle incongruité sans en demander ou en donner l'explication.

EXERCICES.

Ier SUJET.

(1) Qui fit, Mæcenas, ut nemo, quam sibi sortem
Seu ratio dederit, seu fors objecerit, illa

Contentus vivat, laudet diversa sequentes?
(2) « O fortunati mercatores! » gravis annis
Miles ait, duro jam fractus membra labore.
(3) Contra mercator, navem jactantibus Austris:
« Militia est potior. Quid enim? Concurritur : horæ
Momento, cita mors venit aut victoria læta.

(Hor. *Satir.* I, 1).

MODÈLE D'ANALYSE.

(1) *qui*, conjonction interrogative, faisant sous-entendre la préposition antécédente *dic mihi*, dis-moi.

fit, de *fieri*, etc., verbe pris impersonnellement.

....

quam, de *qui, æ, od*, adjectif conjonctif, à l'accusatif parce qu'il est complément de *dederit* et de *objecerit;* au féminin singulier parce qu'il se rapporte à l'ablatif *sorte* sous-entendu après *illa;* en effet, la construction est : *ut nemo vivat contentus illa (sorte) quam sortem seu ratio dederit seu fors objecerit*. Point de difficulté maintenant sur l'explication de chaque mot.

....

seu, conjonction surabondante devant *ratio*. La construction naturelle serait *ratio dederit seu fors objecerit*. Le redoublement de la conjonction *seu* forme un petit pléonasme et donne plus de mouvement à la phrase.

....

laudat, de *laudare*, etc., au subjonctif parce qu'il est le complément de la première phrase sous-entendue *qui fit ut;* à la 3° personne, parce qu'il se rapporte à son sujet *quisque homo* sous-entendu. Ce sujet est indiqué par *nemo*, qui est dans la phrase pécédente, et qui vaut *ne-homo* ou *nullus homo*. Le sens exige devant *laudet, homo quisque* ou *omnis homo*, et non pas *nullus* [1].

diversa, de *diversus, a, um*, adjectif qualificatif à l'accusatif, parce qu'il est complément direct de *sequentes*, et au pluriel neutre, soit parce qu'il est pris absolument, soit parce qu'on le rapporte à quelque nom de chose sous-entendu, comme *itinera, negotia*.

sequentes, de *sequens, sequentis*, participe présent de *sequi, sequor, secutus sum*, à l'accusatif pluriel masculin parce qu'il se rapporte à *homines* sous-entendu complément direct de *laudet*.

(2) ....

miles, de *miles, militis*, nom commun et singulier masculin, sujet de *ait*.

ait, de *aio*, verbe défectif à la 3° personne du singulier du pré-

1. C'est là un zeugme composé bien hardi. Voy. la note de la p. 37.

sent de l'indicatif, se rapportant à *miles.*

duro, de *durus, a, um*, adjectif qualificatif à l'ablatif singulier masculin, se rapportant à *labore.*

jam, adverbe de temps, détermine *ractus.*

fractus, de *fractus, a, um*, participe passé passif de *frangere, o, fregi, fractum,* au nominatif singulier masculin parce qu'il se rapporte à *miles.*

membra, de *membrum, i,* nom commun neutre pluriel à l'accusatif, en vertu d'une préposition sous-entendue après

fractus, brisé dans ses membres [1].

labore, de *labor, oris,* nom commun masculin singulier à l'ablatif, complément indirect de *fractus.*

(3) ....

mercator, de *mercator, oris,* nom commun masculin singulier au nominatif, parce qu'il est sujet de *ait* ou *dicit,* sous-entendu par ellipse.

concurritur, de *concurrere, ro, ri, sum,* verbe intransitif, pris impersonnellement à la voix passive, au présent de l'indicatif.

IIe SUJET.

Jugement sur Caton.

(1) Marcus Porcius Cato nobilissimum inter plebeios nomen adeptus est. (2) In hoc viro tanta vis animi ingeniique fuit, ut quocumque loco natus esset fortunam sibi ipse facturus fuisse videretur. (3) Nulla ars neque privatæ, neque publicæ rei gerendæ ei defuit. (4) Urbanas rusticasque res pariter callebat. (5) Ad summos honores, alios scientia juris, alios eloquentia, alios gloria militaris provexit. (6) Huic versatile ingenium sic pariter ad omnia fuit, ut natum ad id unum diceres quodcumque ageret. (Liv. *Hist.*, XXXIX, 40.)

IIIe SUJET.

Ce qui fait les grands hommes.

(1) Quæro enim a vobis num ullam cogitationem habuisse videantur ii qui hanc rempublicam tam præclare fundatam

---

1. Cette tournure est imitée du grec, ce qui l'a fait nommer un *hellénisme*. Mais nous dirons tout à l'heure (p. 42) que ce mot n'explique rien; il vaut beaucoup mieux rendre compte de la locution sans sortir du latin, en disant qu'il y a une préposition sous-entendue, comme *ad* ou *secundum.*

nobis reliquerunt, aut argenti ad avaritiam, aut amœnitatum ad delectationem, aut supellectilis ad delicias, aut epularum ad voluptates? (2) Ponite ante oculos unumquemque regum. (3) Vultis¹ a Romulo? vultis post liberam civitatem ab iis ipsis qui liberaverunt eam? (4) Quibus tandem gradibus Romulus adscendit in cœlum? iisne quæ isti (Epicurei) bona appellant an rebus gestis atque virtutibus? (Cic., *Parad.*, c. 2.)

IV* SUJET.

Les Sabines.

(1) Sabinæ, ausæ se inter tela volantia inferre, hinc patres, hinc viros orant ne se sanguine nefando soceri generique respergerent; (2) ne parricidio macularent partus suos, nepotum illi, liberorum hi progeniem ; (3) si affinitatis inter vos, si connubii piget, in nos vertite iras : (4) nos causa belli, nos vulnerum ac cædium viris ac parentibus sumus. (5) Melius peribimus quam sine alteris vestrum viduæ aut orbæ vivemus. (Liv., *Hist.*, I, 13.)

V* SUJET.

Cicéron à Catilina.

(1) Quæ quum ita sint, Catilina, perge quo cœpisti. (2) Egredere aliquando ex Urbe; patent portæ; proficiscere. (3) Nimium diu te imperatorem illa tua Manliana castra desiderant. (4) Educ tecum etiam omnes tuos: si minus, quam plurimos. (5) Purga Urbem. Magno me metu liberabis, dummodo inter me atque te murus intersit. (6) Nobiscum versari jam diutius non potes : non feram, non patiar, non sinam. (Cic., *Catil.*, I, 5, n° 10.)

VI* SUJET.

Homère apprécié.

(1) Homerus, quemadmodum ex oceano dicit ipse amnium vim fontiumque cursus initium capere, omnibus eloquentiæ

---

1. Pour *vultis-ne nos incipere a Romulo*, ellipse très-forte.

partibus exemplum et ortum dedit. (2) Hunc nemo in magnis rebus sublimitate, in parvis proprietate superaverit. (3) Idem lætus ac pressus, jucundus et gravis, tum copia, tum brevitate mirabilis. (4) Nec poetica modo, sed oratoria virtute eminentissimus. (5) Nam ut de laudibus, exhortationibus, consolationibus taceam, nonne vel nonus liber, quo missa ad Achillem legatio continetur, vel in primo inter duces illa contentio, vel dictæ in secundo sententiæ, omnes litium ac consiliorum explicant artes? (Quint., *Instit. orat.*, X, i, n°s 46, 47.)

LEÇON VII.

Latinismes.

On appelle *latinismes* certaines tournures de phrase propres à la langue *latine*, et dont il est souvent fort difficile de rendre raison par les règles générales de la syntaxe.

Par exemple, cette locution *unus omnium*, suivie d'un superlatif, répond exactement à cette phrase française l'*homme du monde le plus*..... *unus omnium loquacissimus* (Cic.), signifie l'*homme du monde le plus bavard*. C'est là un *latinisme* commun, l'expression française est un *gallicisme;* et c'est un latinisme qui s'explique de lui-même.

Quand Térence, au contraire, écrit (*Andr.*, prol.)

Populo ut placerent quas fecisset fabulas,

c'est aussi un latinisme[1]; car la construction exige

---

1. Il faut remarquer que ces mots *hellénisme, latinisme* se prennent dans deux sens, selon qu'on étudie la grammaire proprement dite ou l'histoire des langues. Quelques grammairiens ont voulu rapporter le *quas fecisset fabulas* à l'attraction ; et comme l'attraction est surtout commune en grec, ils

fabulæ; il faut, pour l'expliquer, appeler l'ellipse à son secours, et dire que la phrase complète serait *ut (fabulæ) quas fabulas fecisset, placerent populo.*

On fait bien, quand on le peut, d'expliquer non-seulement le sens, mais la forme grammaticale des latinismes[1]. C'est là, on le comprend bien, à cause du nombre considérable de ces locutions, un champ extrêmement étendu, mais qui ne peut être cultivé d'une manière profitable que par des élèves déjà avancés, et aussi habitués aux figures de grammaire que nous venons d'étudier, que rompus aux sens des mots ou aux règles générales de la syntaxe.

J'ajoute que c'est une des parties les plus curieuses de l'étude des langues, et qui excitera le plus l'émulation et soutiendra le plus longtemps le travail des jeunes gens.

Je vais présenter ici quelques exemples de ces latinismes et des explications auxquelles ils donnent lieu. Il serait difficile d'établir entre eux un ordre bien réglé : je n'en suivrai donc pas d'autre que celui des espèces de mots auxquels ils se rapportent.

Dux féminin. — Il y a des noms qui changent de genre dans quelques circonstances. *Sequuntur naturam, optimam bene vivendi ducem* (Cic., *De amic.*, 19); « ils suivent la nature, cet excellent guide de bien vivre. »

---

ont vu là un *hellénisme*. Ce point de vue ne doit pas nous arrêter, car nous ne cherchons pas l'origine des diverses locutions, et dès que nous trouvons, en latin, une tournure particulière à cette langue, ou qui ne s'explique pas immédiatement par ses règles générales, c'est pour nous un latinisme, quand même il viendrait du grec.

1 Je ne connais pas, sur ce point, de traité élémentaire plus complet et en même temps plus intéressant que celui de M. Dutrey à la fin de sa *Grammaire de la langue latine*. Les notes de Périzonius sur *la Minerve* de Sanctius sont aussi un objet d'études très-utiles, mais qui est loin d'être élémentaire.

Dux est naturellement masculin, il est ici du féminin par une sorte de syllepse, à cause de *natura*, à quoi il se rapporte.

Puer pris dans un sens abstrait. — *Puer* signifie *enfant;* c'est le terme concret. *A puero, a pueris* signifie *dès l'enfance;* c'est le terme abstrait. *Ut a pueris tot rerum insitas in animis notiones haberemus* (Cic., *Tusc.*, I, 24); « que nous eussions dès notre enfance les notions de tant de choses gravées dans nos esprits. »

Verum ou tout autre adjectif pris substantivement. — *Cupiditas veri videndi* (Cic., *Tusc.*, I, 19); « le désir de voir la vérité, » mot à mot *du vrai devant être vu*. *Inventum deorum* (Cic., *Tusc.*, I, 26); « une invention des dieux. »

Felicior quam prudentior. — Quand la comparaison s'établit entre deux adjectifs, tous les deux se mettent en latin au comparatif. *Cobares consilium aperuit utilius Besso quam gratius* (Q. Curt., *Hist. d'Alex.*, VII, 4, n° 14); « Cobarès ouvrit un conseil plus utile qu'agréable à Bessus [1]. »

Major ou *minor quam ut.* — Le comparatif latin, suivi de *quam ut*, répond à notre comparatif d'excès *trop.... pour*. *Hæc enim spinosiora prius me cogunt quam ut assentiar* (Cic., *Tusc.*, I, 8); « ces raisonnements pointus forcent mon consentement trop vite pour que

---

[1]. C'est là, dans toute la force du terme, un latinisme qu'il est même presque impossible d'expliquer rationnellement, car la supériorité marquée par la terminaison *ior* ne peut être des deux côtés. Aussi les Latins ont-ils quelquefois manqué à cette règle de symétrie pour revenir à une expression plus naturelle. On cite de Cicéron : *Præclarum magis quam difficile;* de Tite Live : *Pie magis quam magnifice* (voy. la Grammaire de M. de Blignières). On trouve dans Quinte Curce : *Fortuna avidos gloriæ magis quam capaces facit* (*Hist. Alex.*, IV, 7, n° 29); et dans Tacite : *Speciem gloriæ vehementius quam caute appetebat* (*Agric.*, 4, à la fin).

je le donne. — Il y a ici une ellipse : *prius quam (necesse est) ut assentiar*.

Superlatif précédé de *quam*. — Le superlatif latin, précédé de *quam*, répond à la locution française *le plus qu'il est possible*. *Verbis utamur quam usitatissimis* (Cic.) ; « employons les mots les plus usités que nous pourrons [1]. »

Responsa acute. — Le participe est un adjectif : il n'est donc pas étonnant de le trouver déterminé par un adverbe, lorsque chez nous le mot devenu substantif exige un adjectif pour s'accorder avec lui. *Catonis responsa acute ferebantur* (Cic., *De amic.*, 6) ; « on rapportait de Caton des réponses très-fines, » littéralement, des choses répondues finement. *Movemur sæpe aliquo acute concluso* (Cic., *Tusc.*, I, 32) ; « nous sommes souvent touchés de quelque conclusion vive, mot à mot » de quelque chose conclue vivement. *Præclare gesta, vere sapientes* s'expliquent de même.

Qui, quis pour *aliquis*. — *Si quis quartam tetigerit* (Phæd., *Fab.*, I, 5) ; « si quelqu'un touche à la quatrième part. » *Vereor ne cui vestrum... hæc videatur oratio* (Cic., *Parad.*, I) ; « je crains que ce discours ne semble à quelqu'un de vous. » *Nisi quid necesse erit* (Cic., *Tusc.*, I, 8) ; « s'il n'y a quelque chose de nécessaire. »

Quisque avec un superlatif répond à cette tournure française *tous les plus... Quum optimus quisque maxime posteritati serviat* (Cic., *Tusc.*, I, 15) ; « puisque tous les plus excellents hommes travaillent pour la postérité. » — Ce latinisme s'explique parfaitement : les Latins emploient le collectif distributif *chaque* où nous mettons le collectif indivis *tous*.

---

[1]. C'est encore là un latinisme pur, et dont il ne faut pas chercher une explication rationnelle.

Qui pour *ut ego*, *ut tu*, *ut ille*, etc. — Le conjonctif *qui* ayant en lui la force de la conjonction *que*, suivie d'un pronom, les Latins l'ont employé avec ce double sens dans des phrases où nous sommes forcés de séparer les deux éléments. *Homines sunt hac lege generati qui tuerentur hunc globum* (Cic., *De republ.*, VI, 8; ou Macrobe, *Somn. Scipionis*); « les hommes ont été créés à cette condition *qu'ils* gardassent ce globe. »

Esse, sunt qui. — Le verbe *esse* entre dans beaucoup de tournures remarquables. Une des plus simples est celle qui répond au français *il y a des gens qui*. *Sunt qui putent.... sunt qui censeant...* (Cic., *Tusc.*, I, 9); « il y a des gens qui pensent,... il y en a qui prétendent. » C'est une légère ellipse. *Sunt (homines) qui*, etc.

Est videre. — Le verbe *sum* prend pour sujet un infinitif dans les cas où nous disons qu'*on fait* quelque chose. *Est videre apud illos argentea vasa* (Tac., *Germ.*, 5); « on voit chez eux des vases d'argent. » La construction logique est celle-ci : *Voir chez eux des vases d'argent est* (réel, certain, etc.)

Est regis. — Le verbe *sum* prend auprès de lui un génitif qu'il semble régir par l'ellipse de quelque nom sous-entendu. *Magni est ingenii cogitationem a consuetudine abducere* (Cic., *Tusc.*, I, 16); « il est d'un grand esprit de détacher sa pensée de la coutume (c'est-à-dire de ne pas régler ses jugements sur ce que dit tout le monde). » Ce latinisme, tout à fait semblable au gallicisme qui le traduit, s'explique de même en remettant le nom sous-entendu. *C'est le propre d'un grand esprit*, etc.

Mihi non licet esse pigro. — Le verbe *sum* à l'infinitif permet l'attraction entre l'adjectif qui le suit et le complément du verbe qui le précède au nominatif et au datif. *Phaselus ille ait fuisse navium celerrimus* (Cat., Carm., n° 4); « cet esquif dit avoir été le plus rapide des navires. » *Licuit otioso esse Themistocli* (Cic., *Tusc.*, I, 15); « il a été permis à Thémistocle d'être oisif. » — La construction ordinaire et complète serait *phaselus ait se fuisse celerrimum.... licuit Themistocli ipsum esse otiosum.*

Infinitif des verbes latins. — L'infinitif latin ne comprend pas seulement les formes régulières en *re* et en *isse* : il faut y joindre, comme nous l'avons vu, le gérondif et le supin, ce qui donne trois temps généraux, le présent, le futur et le passé. *Ire est,* « on va ; » *eundum est,* « on doit aller ; » *itum est,* « on est allé. » *Non dico carere sensu, sed carendum esse* (Cic., *Tusc*, I, 12); « je ne dis pas qu'on manque de sentiment, mais qu'on en doit manquer.

Cas de l'infinitif. — L'infinitif étant un nom dans le verbe a ses cas déterminés par les rapports mêmes des mots. *Inest velle in carendo* (Cic., *Tusc.*, I, 36); « le vouloir est compris dans le manquer (c'est-à-dire que *manquer* ne se dit que des choses qu'on désire ou qu'on peut désirer). » *Ad quam quum sit decursum* (Cic., *Tusc.*, I, 8); « lorsqu'on est parvenu à ce terme. » *Jovi bibere ministrat* (Cic., *Tusc.*, I, 26); « il donne à boire (le boire) à Jupiter ; » *causam moriendi nactus* (Cic., *Tusc.*, I, 30); « ayant trouvé une raison de mourir ; » *facile ad credendum* (Cic., *Tusc.*, I, 32); « facile à croire ; » *ne moriendum quidem esse miserum puto* (Cic., *Tusc.*, 1, 8); « je ne crois pas même que la nécessité de mourir soit malheureuse ; » *facto non consulto opus est* (Sall., *Catil.*, 43); « on a besoin d'agir et non de consulter. »

Futur invariable à l'infinitif. — Le supin avec le verbe *ire* et son passif *iri* forme, dans les verbes latins, un futur invariable : *amatum ire*, devoir aimer ; *amatum iri*, devoir être aimé. Cette forme passive [1] est la seule même qui soit usitée chez les écrivains latins ; l'autre ne se trouve guère que chez les grammairiens.

Subjonctif des verbes latins. — Le subjonctif imparfait et plus-que-parfait se prennent dans le sens de notre conditionnel présent et passé. Rien n'est plus connu que cette propriété ; mais ce qu'on remarque moins, c'est que le présent et le parfait se prennent dans le sens de notre conditionnel exprimant un désir vague ou mal défini. *Tecum vivere amem, tecum obeam libens* (Hor., *Carm.*, III, 9) ; « c'est avec toi que j'aimerais à vivre, avec toi que je mourrais volontiers. » *Id primum ita esse velim* (Cic., *Tusc.*, I, 11) ; « je voudrais bien d'abord qu'il en fût ainsi. » *Cum eodem ipso non invitus erraverim* (Cic., *Tusc.*, I, 17) ; « je m'égarerais sans peine sur les pas du même philosophe. »

Conjonction *quod*. — La conjonction *quod* s'emploie dans le bon siècle plus souvent qu'on ne le croit pour rendre le sens du *que* français. *Cato objecit ut probrum M. Nobiliori quod is in provinciam poetas duxisset* (Cic., *Tusc.*, I, 2) ; « Caton reprocha comme une honte à M. Nobilior qu'il avait emmené des poëtes dans sa province. » *Nemo refert quod Italia externæ opis indiget* (Tac., *Ann.*, III, 53) ; « personne ne vous dit que l'Italie a besoin des ressources étrangères. »

Quod si. — La conjonction composée *que si*, qui nous sert si souvent à passer à un sujet nouveau, en le rattachant toutefois à ce qui précède, est la traduction littérale du *quod si*, que les Latins prenaient dans le

---

1. C'est certainement la plus inexplicable des deux. La forme active *monitum ire* se conçoit comme le futur français *je vais avertir*. Mais le passif *iri*, qui donne un sens passif à la locution *monitum iri*, est plus difficile.

même sens : *Quod si omnium consensus naturæ vox est* (Cic., *Tusc.*, I, 15); « que si le consentement universel est la voix de la nature. »

Ut. — La conjonction *ut* se retranche souvent devant un subjonctif. *Censeo petatis* (Cic., *De amic.*, 17); « je suis d'avis que vous le demandiez. » *Necesse est ferantur ad cœlum* (Cic., *Tusc.*, I, 18), « il est nécessaire qu'ils aillent vers le ciel. »

Ne se retranche de la même manière. *Cave Catoni anteponas Socratem* (Cic., *De amic.*, 9); « prends garde de préférer (mot à mot *que tu ne préfères*) Socrate à Caton. »

Ne, quin. — *Ne, quin* et autres conjonctions négatives se placent dans des phrases où nous serions obligés de séparer la conjonction et la négation. *Malo ne roges* (Cic., *Tusc.*, I, 3); « j'aime mieux que tu ne demandes pas. » *Numquid est causæ quin stoicos dimittamus* (Cic., *Tusc.*, I, 32)? « est-ce qu'il y a quelque raison de ne pas abandonner (pour que nous n'abandonnions pas) les stoïciens? »

Phrases comparatives. — Dans la plupart de nos phrases comparatives, le second membre commence par la conjonction *que*. Il est *autre*, ou il est *le même qu'*autrefois; il n'est pas *tel que* je l'avais vu; il n'est pas *si grand que* je le croyais; il n'y a pas là *autant* de personnes *qu'*on le disait; il n'est pas venu *aussi souvent qu'*il l'annonçait. En latin il y a pour les différents conjonctifs *qui, qualis, quantus, quot, quoties, ut, quum*, autant d'adjectifs indicatifs ou d'adverbes *is, talis, tantus, tot, toties, sic, ita*, et *tum*, lesquels s'y opposent élégamment, et se placent dans la section de phrase à laquelle le conjonctif doit répondre : *Non is es qui nescias* (Cic., *Epist.*, V, 12), tu n'es pas homme à ne pas savoir (mot à mot) tu n'es pas celui qui ne sache pas. *Quanta cujusque animo audacia inest, tanta in bello patere solet* (Sall., *Catil.*, 58); « autant chacun a de courage dans l'âme, autant il en montre à la guerre. » *Quot officia oratoris, tot sunt genera dicendi* (Cic., *Orat.*, 21, n°69); « il y a autant de genres de style que de devoirs de l'orateur. *Ut quisque maxime ad suum commodum refert quæcumque agit, ita minime vir bonus* (Cic., *De leg.*, I, 49); « on est d'autant moins honnête homme qu'on rapporte à son seul intérêt toutes ses actions. *Quum inter se conjuncti, tum mihi ita cari* (Cic., *Brut.*, 10); « des hommes aussi liés entre eux qu'ils me sont chers. »

Mots déclinables dans ces phrases. — La complication sinon la difficulté dans la syntaxe de ces phrases augmente lorsque les mots, mis ainsi en relation, sont compléments d'autres mots, et prennent en conséquence telle ou telle forme réglée par la syntaxe. *Homines quo plura habent eo ampliora cupiunt;* « plus on possède plus on désire. » *Quo minus honoris erat poetis, eo minora studia fuerunt* (Cic., *Tusc.*, I, 2); « moins il y avait d'honneur pour les poëtes, moins on étudiait la poésie. « *Eo* et *quo* sont à l'ablatif comme déterminant des comparatifs. *Corpori tantum indulgeas quantum bonæ valetudini necesse est* (Sen.); « n'accordez à votre corps qu'autant que l'exige la santé. « *Tantum* est à l'accusatif, et *quantum* au nominatif parce qu'il est sujet de sa phrase. *Licuit tanti quanti bene emitur* (Cic., *ad Att.*, XIV, 24); « ce bien a été estimé à un prix auquel l'achat est avantageux. » *Tanti* et *quanti* sont au génitif, parce qu'ils sont tous deux compléments des verbes de prix ou d'estime. *Eo studiosius hoc negotium suscepimus quod intelligabamus....* (Auct., *ad Herenn.*, I, 1), » nous avons entrepris cette affaire d'autant plus ardemment que nous comprenions.... » *Eo* est à l'ablatif à cause du comparatif *studiosius;* dans le second membre, où il n'y a plus qu'un verbe ordinaire, on met *quod*.

Tels sont, entre beaucoup d'autres, ces tournures propres à la langue latine, qu'on nomme des latinismes. Il suffit d'ouvrir un écrivain ou un poëte d'un ordre un peu élevé pour en trouver de nombreux exemples. C'est au professeur de les indiquer et de les faire expliquer à ses élèves. Il me suffit d'avoir montré le travail que l'on peut faire à ce sujet.

EXERCICES.

1er SUJET.

Fermeté de Caton.

(1) Tu, Fanni, non recte judicas de Catone. (2) Aut enim nemo, aut si quisquam, ille sapiens fuit. (3) Quomodo enim, ut alia omittam, mortem filii tulit? (4) Memineram Paulum, videram Gallum. (5) Sed hi in pueris, Cato in perfecto et spectato viro. (Cic., *De amic.*, 9.)

MODÈLE D'ANALYSE.

(1) ....

(2) *aut*, conjonction alternative, formant ici avec la même conjonction redoublée un pléonasme.

enim, conjonction copulative.

nemo, nom masculin singulier, sujet de *fuit sapiens* sous-entendu.

aut, conjonction alternative.

si, conjonction subordonnante.

quisquam, adjectif indéfini, pris substantivement, sujet de *fuit sapiens* sous-entendu.

ille, de *ille, a, ud*, adjectif démonstratif, au nominatif parce qu'il est sujet de *fuit*.

fuit, de *esse, sum, fui*, etc.

sapiens, de *sapiens, ntis*, etc. Toute la difficulté de cette phrase est dans la double ellipse de *fuit sapiens*. La construction serait : *aut nemo fuit sapiens, aut si quisquam fuit sapiens ille fuit sapiens;* en français, ou personne n'a mérité le nom de sage, ou si quelqu'un l'a mérité, c'est certainement Caton.

(3) ....

(4) *memineram*, de *meminisse, memini*, verbe transitif direct à la 1re personne de l'imparfait de l'indicatif, se rapportant à *ego* sous-entendu.

Paulum, de *Paulus, i*, nom propre d'homme, à l'accusatif singulier, complément de *memineram*, et déterminé lui-même par le qualificatif sous-entendu *ferre mortem filii.*

videram, de *videre, eo, di, sum*, verbe transitif direct à la 1re personne du plus-que-parfait, se rapportant à *ego* sous-entendu.

Gallum, de *Gallus, i*, nom propre d'homme, à l'accusatif singulier masculin, complément direct de *videram*, et déterminé lui-même par le qualificatif sous-entendu *ferentem mortem filii.*

(5) *sed*, conjonction copulative.

hi, de *hic, hæc, hoc*, adjectif démonstratif masculin pluriel, pris dans le sens de notre pronom démonstratif *ceux-ci*, et se rapportant aux derniers nommés, *Paulus* et *Gallus*. Il est au nominatif comme sujet du verbe sous-entendu *filiorum mortem tulerant* ou plutôt *filios amiserant.*

in, préposition qui régit ici l'ablatif.

pueris, de *puer, ri*, nom commun masculin pluriel, à l'ablatif comme complément de *in*. Il est ici pris dans le sens abstrait : ils avaient perdu leurs fils *dans l'enfance.*

Cato, de *Cato, onis*, nom propre d'homme masculin singulier au nominatif, parce qu'il est sujet de *filium amisit* sous-entendu, comme il l'a été après *hi.*

in, préposition.

perfecto, de *perfectus, a, um*, etc., se rapportant à *viro.*

et, conjonction copulative.

spectato, de *spectatus, a, um*, etc., se rapportant à *viro.*

viro, de *vir, i*, nom commun masculin singulier, à l'ablatif parce qu'il est complément de *in*. Il est ici pris avec ses adjectifs dans un sens abstrait, comme tout à l'heure *pueris* et par un latinisme absolument semblable. Caton a perdu son fils dans *l'homme parfait et considéré*, c'est-à-dire *dans la perfection de l'âge* (l'âge mûr) et *de la considération.*

IIe SUJET.

Caractère de l'avocat Régulus.

(1) Vidistine quemquam Marco Regulo timidiorem humilioremque post Domitiani mortem? (2) Sub quo non minora flagitia commiserat quam sub Nerone, sed tectiora. (3) Cœpit

vereri ne sibi irascerer; nec fallebatur, irascebar. (4) Rustici Aruleni periculum foverat, exultaverat morte, adeo ut librum recitaret publicaretque in quo Rusticum insectatur, atque etiam *stoicorum simiam* appellat. (5) Adjicit *Vitelliana cicatrice stigmosum.* (6) Agnoscis eloquentiam Reguli. Lacerat Herennium Senecionem tam intemperanter quidem, ut dixerit ei Metius Carus ; (7) « Quid tibi cum meis mortuis? numquid ego aut Crasso, aut Camerino molestus sum? » quos ille sub Nerone accusaverat. (Plin. jun., *Epist.*, I, 5.)

IIIe SUJET.

Cicéron raconte à Atticus son entrevue avec Denys.

(1) Dionysius quum ad me præter opinionem meam venisset, locutus sum cum eo liberalissime. (2) Tempora exposui, rogavi ut diceret quid haberet in animo ; me nihil ab ipso invito contendere. (3) Respondit se, quod in nummis haberet, nescire quo loci esset; alios non solvere, aliorum diem nondum esse. (4) Dixit etiam alia quædam de servulis suis, quare nobiscum esse non posset. (5) Morem gessi, dimisi a me, ut hominem ingratum, non invitus. (6) Volui te scire quid ego de ejus facto judicarem. (Cic., *Epist. ad Att.*, VIII, 10.)

IVe SUJET.

L'avare Euclion et sa servante Staphyla.

(1) Exi, inquam, age, exi : exeundum, hercle; tibi hinc est Circumspectatrix cum oculis emissitiis.   [foras,
— (2) Cur me miseram verberas? — (3) Ut misera sis,
Atque ut te dignam mala malam ætatem exigas.
— (4) Nam qua me nunc causa extrusisti ex ædibus?
— (5) Tibi ego rationem reddam stimulorum seges?
(6) Illuc regredere ab ostio ; illuc, sis : vide ut
Incedit ! (7) At scin' quomodo tibi res se habet?

(8) Si hodie, hercle, fustem cepero, aut stimulum in manum,
Testudineum istum tibi ego grandibo¹ gradum.
(Plaut., *Aulul.*, act. I, sc. 1.)

Vᵉ SUJET.

Agamemnon entre en scène avec la prophétesse Cassandre qui lui prédit sa mort.

(1) Tandem revertor sospes ad patrios lares.
O cara, salve, Terra! (2) Tibi tot barbaræ
Dedere gentes spolia. (3) Tibi felix diu
Potentis Asiæ Troja submisit manus.
(4) Quid ista vates, corpus effusa ac tremens,
Dubia labat cervice? (5) Famuli, attollite,
Refovete gelido latice. (6) Jam recipit diem
Marcente visu. Suscita sensus tuos.
(7) Optatus ille portus ærumnis adest;
Festus dies est. — (8) Festus et Trojæ fuit.
— (9) Veneremur aras. — (10) Cecidit ante aras pater.
— (11) Jovem precemur pariter. — (12) Herceum Jovem² ?
— (13) Credis videre te Ilium? — (14) Et Priamum simul.
— (15) Hic Troja non est. — (16) Ubi Helena est, Trojam puto.
— (17) Ne metue dominam famula. — (18) Libertas adest.
— (19) Secura vive. — (20) Mors mihi est securitas.
— (21) Nullum est periclum tibimet. — (22) At magnum tibi est.
— (23) Victor timere quid potest? — (24) Quod non timet.
— (25) Hanc fida, famuli, turba, dum excutiat deum
Retinete, ne quid impotens peccet furor.
(Sen. trag., *Agamemn.*, act. IV, sc. 1.)

1. Forme ancienne. Les verbes de la troisième et de la quatrième conjugaison avaient le futur de l'indicatif en *bo*, comme ceux de la première et de la seconde.
2. Protecteur des maisons.

FIN.

TABLE ALPHABÉTIQUE

DES MATIÈRES ET DES AUTEURS

CITÉS DANS CET OUVRAGE.

Ablatif, 14; — complément de quoi, 28; — absolu, 29. — En latin *ablativus casus*, ou absolument *ablativus*.

Abstrait (Nom), p. 4. — de chose, se rend en latin : comment, 4; — (Verbe), ou le verbe *être*, p. 6; — n'était pas chez les anciens comme chez nous le verbe par excellence, à peine était-il un verbe complet. Priscien, qui définissait le verbe *pars orationis cum tempore et modis, sine casu, agendi vel patiendi significativum* (p. 781), ne pouvait pas reconnaître cette dernière qualité dans le verbe *sum*; d'autres joignaient aux verbes actifs et passifs les habitifs, *habitiva*, ou verbes d'état (Charis., p. 140), comme *nasci*, *crescere*, *oriri*. Le verbe *sum* n'est pas cité.

Accident. — Nous disons mieux formes Accidentelles (voy. ce mot). En latin *Accidens* (hoc), *accidentia*. — *Accidens generale*, un accident général, c'està-dire une forme commune à toute une espèce. (Priscien dans Putsch; p. 1222.) *Comparatio non bene inter accidentia poni potest* (ib.). C'est à tort qu'on met la comparaison parmi les accidents des noms, parce qu'en effet elle ne convient pas à tous les noms, mais seulement aux noms adjectifs.

Accidentelles (Formes), 13 à 21; — composées, 21 à 26; — plus faciles à analyser d'ensemble qu'en séparant les mots, 23.

Accord de l'adjectif, 27; — du pronom, *ib.*; — du verbe, *ib.* — En latin *Consensus* (Diom., p. 290), *junctura*. Mais ces mots s'appliquent aussi à la dépendance : à quoi, demande Priscien (p. 1259), peut-on distinguer le datif et l'ablatif pluriels? À l'accord et à la syntaxe, *a junctura et ordinatione*.

Accorder (S'). Voy. *se rapporter*.

Accusatif, 14; — complément de quoi, 28; — formes diverses, locutions remarquables, 28, 29. En latin *accusativus casus*, ou plus brièvement *accusativus*.

Actif (Verbe), 15. — En latin *verbum activum* (Prisc., p. 787). La voix active, *activum genus*; ou *activa significatio*; l'actif *activum* (Macrobe, p. 313, ed. Bipont).

Adjectif, 1; — qualificatif, 4; — déterminatif, possessif, démonstratif, conjonctif, *ib.*; — indéfini, de nombre cardinal, ordinal, 5; — pris substantivement, 6, 27. — En latin *adjectivum*, *nomen adjectivum*. Les grammairiens ne le distinguaient pas du nom, du moins comme espèce de mot.

Adverbe, 8, 9. — En latin *adverbium;* mais ce mot n'avait pas le sens défini qu'il a chez nous. Priscien (p. 1003, 1004) met parmi les adverbes, *ni, ne, utinam* et d'autres qui sont incontestablement des conjonctions.

Analyse grammaticale, 15, 17; — complète, 26. — En latin *partitio, partitiones* (Prisc. dans Putsch, p. 1215). — (Modèles d'). Voy. *Modèles.*

Arrangement des mots, — *dictionum ordinatio.* (Prisc., p. 1038). — Faute dans l'arrangement ou la construction, *ordinatio incongrua* (ib.).

Attributifs (Verbes), 6. — En latin *verbum.* C'étaient surtout les verbes attributifs que les anciens appelaient *verbes.* Ils comptaient à peine le verbe *sum,* on ne le considérait qu'avec l'adjectif qui vient après lui. Ainsi, le premier exemple donné par Diomède d'un verbe qui gouverne le génitif, c'est *memor sum bonorum* (p. 291; Voy. *Verbe abstrait*), où l'on voit que *memor sum* est donné comme le serait *memini* pour un seul mot.

AUCTOR AD HERENN., 50.
AUGUSTIN (Saint), 26.

BLIGNIÈRE (M. de), 44 en note.
BURNOUF, 22, en note.

Cardinaux (Adjectifs), 5.
Cas, 13; — (Noms des), 14; — (Emploi des), 28. — En latin *casus.*
CASSIODORE, 12.
CATULLE, 47.
CICÉRON, 23, en note; 29, texte et note; 33, 37, 41, 42, 43, 44, texte et note, 45, 46, 47, 48, 49, 51, 53.
Collectif (Nom), 4.

Commun (Nom), 4. — En latin *nomen appellativum* (Charis. dans Putsch., p. 125), *nomen communiter significans* (ib.). — (Genre) qui convient au masculin et au féminin, en latin *nomen commune,* comme *fortis, gravis,* qui n'ont qu'une forme pour les deux premiers genres. — C'est dans ce sens que les Latins prennent surtout le mot *communis.* « Omnis dativus et ablativus pluralis..... *communis* est trium generum. » Prisc., p. 1259.)

Comparatif, 14; — de supériorité, 14, 22; — d'égalité et d'infériorité, 21, 22; — en latin *relativum* (Charis., p. 240), *comparativum* (Prisc., p. 597).

Complément, 26, 27; — direct, 6, 26; — indirect, 7, 27. — Les Latins n'avaient pas ce mot, ni, d'une manière bien nette, l'idée qu'il exprime; mais ils la rendaient d'une manière approximative par les cas obliques, *obliqui casus,* qu'ils opposaient dans les noms au *casus rectus* ou nominatif. « Quæ verba *obliquos* desiderent *casus,* » dit Priscien (p. 1042, c. 1074); quels verbes veulent ou gouvernent les *cas obliques,* c'est-à-dire les prennent pour compléments, et Diomède (p. 292). « Pauca sunt (verba) quæ *casum* non requirunt, ut *Oriens.* » Il y a peu de mots qui ne demandent pas après eux un *cas* (c'est-à-dire un complément). « Ea verba (vivit, spirat, floret) non egent *obliquorum* adjunctione, id est transitione in alias personas. » (Prisc., p. 1068.)

Composé (Nom), 21; — (Adverbe), 22; — (Préposition), *ib.;* — (Conjonction), *ib.*
Concret (Verbe). Voyez *Attributif.*
Conjonctif (Adjectif), 4.
Conjonction, 10, 11; — copula-

tive, 10; — subordonnante, 10, 11. — En latin *conjunctio*. Quant aux divisions que les Latins et Priscien en particulier ont établies parmi les conjonctions, elles tiennent beaucoup plus au sens même du mot qu'à la manière dont il joint les phrases.

Conjugaison, 16, 17; — composée, 22; — ne doit pas toujours être décomposée dans l'analyse, 23.— En latin *conjugatio*, *ordo*, dans le sens de la réunion des verbes semblables sous quatre groupes, *prima conjugatio*, *secunda conjugatio*, etc. (Macr., p. 284, 287, 289); *primus*, *secundus*, *tertius ordo* (Diom., p. 393); *declinatio*, dans le sens de réciter de suite les modes, les temps et les personnes, etc. : *declinatio verbi*. *Declinatur imperfectum* (Macr., p. 288, 292). *Declina passivum indicativi* (Prisc., 1231). Les différentes conjugaisons ont d'abord été déterminées en latin par les voyelles qui y dominent, *a* dans la première, *e* dans la seconde, et *i* dans la troisième et la quatrième. Ces deux dernières n'en faisaient donc qu'une seule, que l'on distinguait cependant par les noms de *tertia correpta*, la troisième brève ; et *tertia producta*, la troisième allongée (notre quatrième ordinaire). « Sunt autem *a*, *e*, *i* : sed hæc tertia tam *correpta* est quam *producta*, etc.» (Rh. Palémon, p. 1379 et 1380.)

DANGEAU (L'abbé de), 16, en note.
Datif, 14; — complément de quoi, 28. — En latin *dativus casus*, ou absolument *dativus*.
Déclinaisons, 16; — cinq reconnues, *ib*.; — deux autres, 16, 17. — En latin *ordines*, *declinationes nominum*. Quelques grammairiens en comptaient sept (Diom., p. 278, 279). C'étaient, outre les cinq ordinaires, celle des noms en *ius* et *ium*, génit. *ii*; et celle des noms invariables en *u*. La déclinaison d'un nom se faisait de cette manière : «*Singulariter*, *nominativo*, hic Cato, *genitivo* hujus Catonis, *dativo* huic Catoni, *accusativo* hunc Catonem, *vocativo* o Cato ; *ablativo* hoc Catone ; *pluraliter*, *nominativo* hi Catones, etc. » (Diom., p. 277.) Pour les noms féminins ou neutres on mettait *hæc* ou *hoc*; et pour les noms de deux genres on déclinait à la fois hic et hæc ou hoc. « *Singulariter*, *nominativo* hic et hæc sacerdos, *genitivo* hujus sacerdotis, etc. » (Diom., p. 278.)

Degrés de signification, 14. — En latin *gradus comparationis*, *gradus collationis* (Charis., p. 87).

Démonstratifs (Adjectifs ou pronoms), 4, 6 ; — sont en latin de purs adjectifs auxquels on donnait cependant le nom de pronom (Prisc., p. 936 et suiv.).

Déponent (Verbe), 15. — En latin *verbum deponens*.

Déterminatifs (Adjectifs), 4.— En latin ces adjectifs portent en général le nom de pronoms, *pronomen*, *pronomina*, mais cette dénomination répond à une tout autre idée que la nôtre.

Direct (Pronom) de la troisième personne manque en latin, 6 ; — est remplacé par les adjectifs démonstratifs, *ib*. ;—(Verbe transitif), voyez *Transitif* ; — (Complément), 6, 7, 28. Voy. ce mot, et *Régime*.

Distributif (Adjectif), 5.
DUTREY (M.), 43, en note.

Ellipse, 37; — En latin *ellipsis* (Diom., p. 445).

Espèces de mots ou parties du discours, 1. — En latin *partes orationis.* Le mot *species,* quoique *espèce* en soit tirée, ne répond pas du tout au même sens. Priscien a intitulé un de ses chapitres *De speciebus verborum* (p. 824), cela ne veut pas dire *des espèces de mots,* mais bien *des formes primitives ou dérivées dans les verbes,* comme il l'explique immédiatement : « *Species* sunt verborum duæ *primitiva et derivativa.* » Il dit de même en parlant du nom, p. 577) : « *Species* sunt communes tam propriorum quam appellativorum nominum duæ, *primitiva* et *derivativa;* » et c'est toujours selon ce sens qu'il emploie ce terme *species* dans son analyse de douze vers de Virgile (p. 1218 et suiv.).

EUTROPE, 13.

Exercices, 1 à 3; 11 à 13; 18 à 21; 23 à 26; 30 à 36; 38 à 42; 51 à 54.

Féminin, 13. — En latin *femininum.*

Figure de construction ou de grammaire, 36 à 42. — Voy. *Inversion, Ellipse, Pléonasme, Syllepse.* — En latin *figura, schema.*

Figurée (Construction); c'est celle où se trouve quelqu'une des figures de construction, inversion, ellipse, pléonasme ou syllepse.

Fonction. Voy. *Relations syntaxiques.* — Le mot *fonction* s'emploie quelquefois d'une manière générale pour désigner le rôle d'un mot dans une phrase.

Forme accidentelle. Voy. *Accidentelles;* — primitive. Voy. *Primitives.*

Former (un temps dérivé d'un primitif), 16. — En latin *facere, generare, creare* : « Facit ex se infinitum modum (Macr., 289); *facit* participium (290); alios modos de se *generat* (289); alios modos de se *creat* (ib.). »

Former (Se), 16. — En latin *figurari a, venire a, oriri a, nasci de.* Exemples : « Non a præsenti sed a futuro *figuratur* (Macr., 294); a futuro *veniunt* (ib.); hæc ab indicativo *oriuntur* (Donat. ap. Putsch., p. 1754); plusquam perfectum de perfecto suo *nascitur* (Macr., p. 303). »

Futur, 14, 15; — du participe, 15; — de l'infinitif, 22; — du subjonctif, *ib.* — En latin *futurum tempus,* ou simplement *futurum, promissivum.*

Génitif, 14; — complément de quoi, 28. — En latin *genitivus casus* ou substantivement *genitivus.*

Gérondif, 15, 47. — En latin *gerundium, gerundia, gerundi modus* (Macr., p. 332); *usurpativa species* ou absolument *usurpativa* (Diom., p. 389).

Gouverner, 6, en note. Voy. *Régir.*

Grammairiens, 37, en note. — Les principaux grammairiens latins dont il nous reste des ouvrages importants sur la grammaire proprement dite, sont, en les rangeant autant qu'il est possible par ordre de date : Q. Rh. Palémon, Valerius Probus du premier siècle de notre ère; Donat (Elius), qui vivait au milieu du IVe siècle; Sosipater Charisius, un peu plus tard; Diomède, et Servius qui a commenté Donat au Ve siècle; enfin, et surtout Priscien au VIe. La collection des grammairiens latins a été publiée par Putsch, en 1605.

Hellénisme, 40, en note, 42, 43, en note.

HORACE, 38, 39, 48.

Imparfait, 14, 15. — En latin *imperfectum* tempus (Macr., p. 290) ou simplement *imperfectum; minus quam perfectum* (Macr., p. 301).

Impératif, 14. — En latin *imperativus modus* ou substantivement *imperativus*.

Impersonnel, 6. — En latin *impersonale verbum* ou absolument *impersonale; de impersonalibus* (Diom.).

Impersonnellement (Verbe pris), 7.

Indicatif, 14. — En latin *indicativus modus* ou substantivement *indicativus; diffinitivus modus* (Macr., p. 293); *pronuntiativus* (Donat, p. 1754); *rectus modus* (Macr., p. 305). — Verbe à l'indicatif, *verbum indicative dictum* (Prisc., p. 1235).

Indirect (complément), p. 6, 28. — (Verbe transitif). Voyez ce mot.

Infinitif, 14. — En latin *infinitivus modus* ou absolument *infinitivus*.

Interjection, 1, 11; — était mise par les Grecs au rang des adverbes, et n'en est pas bien nettement séparée par Priscien, p. 1023.

Interrogatif (Adjectif), 5. — Voyez *conjonctif*.

Intransitif, 6. — En latin *verba perfecta* et *absoluta*, quæ non egent obliquis casibus (Prisc., p. 1074); quæ non egent casibus ad complendam sententiam (Prisc., p. 788).

Inversion, 36; — habituelle dans une langue n'y est pas considérée comme une figure, *ib.* — En latin *hyperbaton, synchysis* (Charis., p. 246; Diom., p. 454). Ce dernier mot, qui signifie *confusion*, exprime surtout une inversion excessive ou difficile à comprendre.

Latinisme, 23, en note; 42 à 54.

Locution propre à la langue latine. Voy. *Latinisme*, — à la langue grecque. Voy. *Hellénisme*.

MACROBE, 46.

Masculin, 13; — en latin *masculinum genus*, ou absolument *masculinum*.

Mode, 14; — personnel, *ib.;* — impersonnel, *ib.* — En latin *modus*. Les grammairiens latins en comptaient jusqu'à sept; « *indicativus, imperativus, promissivus* ut *legam* (c'est simplement le futur de l'indicatif), *optativus, subjunctivus* (voy. ci-dessous au mot *Subjonctif*); *infinitivus; impersonalis* ut *legitur* (Donat., p. 1754). » Il y avait là, comme Donat le remarque lui-même, confusion d'idées très-différentes, des modes, des temps, des voix et des conjugaisons. Il faut là-dessus s'en tenir à ce que nous avons dit. Mais il y avait une division utile des modes, en *modus rectus* le mode direct ou indicatif (voy. ce mot), *obliqui modi* (Macr., p. 305); les modes indirects ou obliques, savoir : l'impératif, le subjonctif et l'optatif, et *modus infinitus*, le mode indéfini, c'est-à-dire l'infinitif qui comprenait le participe, autrement dit les modes impersonnels.

Modèles d'analyse grammaticale, 2, 11, 18, 24, 30, 39, 51. — Les modèles d'analyse laissés par Priscien (*Partitiones versuum duodecim Æneidos principalium*, dans Putsch, p. 1215 et suiv.) sont sous la forme de questions de grammaire : les voici en ordre, en nous bornant à ce qui forme, selon nous, l'analyse grammaticale : « In hoc versu (*Arma virumque*, etc.), quot nomina? sex, *arma*, vi-

rum Trojæ, qui, primus, oris; — quot verba? unum, *cano;* — quot præpositiones? una, *ab;* — quot conjunctiones? — una, *que;* — *arma quæ pars orationis est?* — nomen; — quale? — appellativum; — cujus generis? — neutri; — *virum* cujus numeri est? — singularis; — *cano* quæ pars orationis est? — verbum; — cujus est modi *cano?* — indicativi; — cujus significationis est *cano?* — activæ; — cujus conjugationis? — tertiæ correptæ; — *ab* quæ pars est? — præpositio; — cui casui adjungitur? — ablativo, etc. » (Prisc., p. 1218 à 1227.) Toutes ces indications se réunissaient, quelquefois à notre manière, mais sans un ordre aussi bien réglé que chez nous. Exemple : « Prima persona præsentis temporis modi indicativi (Macr., p. 189); in conjunctivo modo prima persona præsentis (*ib.*). *Cato* nomen appellativum, generis masculini, numeri singularis, casus nominativi et vocativi. (Diom., p. 277). *Gravi* nomen adjectivum, generis communis, numeri singularis, casus ablativi (Prisc., p. 1241). *Infractos* participium, generis masculini, casus accusativi, temporis præteriti, significationis passivæ, numeri pluralis (Prisc., p. 1281). » Il est facile de voir qu'on pourrait, d'après ces modèles, faire une analyse grammaticale, semblable à la nôtre, mais d'une forme longue et embarrassée. Il ne manque, en effet, dans ce dernier exemple, où il s'agit du vers de Virgile *Turnus ut infractos adverso marte Latinos* (*Æn.*, XII, 1), que les parties du verbe : « *Veniens* ab *infringere, o, infregi, infractum;* » et les relations de syntaxe, qui devraient s'exprimer ainsi : « quia ad *Latinos* conjungitur. »

Mot, 1; — en latin *vocabulum, vox, dictio, locutio, verbum*. Ce dernier s'applique aussi spécialement au verbe; et c'est pourquoi, selon Quintilien (*Inst. orat.* I, 5, n° 2), les grammairiens latins employaient plutôt les précédents. Ils disaient aussi *pars orationis* (Prisc., p. 1218, 1228, 1235, etc.), désignant par là, non-seulement les espèces de mots, mais plutôt encore les mots eux-mêmes.

Neutre (Nom), 13. — En latin *neutrale nomen, neutrum genus*. — (Verbe), p. 15. — En latin (verbum) neutrum (Prisc., p. 787) ou neutrale (p. 788).

Neutre passif (Verbe), 22, en note.

Nom, 1; — propre, commun, collectif, 4. Voy. ces mots. — masculin, féminin, neutre, 13. Voy. ces mots. — sujet, complément, 26, 27. — En latin *nomen*. Mais ce mot signifiait à la fois les substantifs et les adjectifs qualificatifs.

Nombre (Nom de). Voy. *Numéraux*.

Nombres (le singulier et le pluriel), 13, 14. — En latin *numeri* (Macr., p. 284.)

Nominatif, 14. — En latin *nominativus, rectus casus*.

Numéraux (adjectifs), 5; — cardinaux, *ib.;* — ordinaux, *ib.* — En latin, il y a de plus des adjectifs distributifs, *ib.*

Ordinaux (Adjectifs), 5.

Parfait, 14. — En latin *perfectum tempus* ou substantivement *perfectum* (Macr., p. 288).

Participe, 1, 14; — présent, futur, passé, 15. — En latin *participium*.

Parties du discours. Voy. *Espèces*

de mots. — En latin *partes orationis*. Toutefois cette expression désigne non-seulement les espèces de mots, mais les mots eux-mêmes, puisque Priscien (Putsch, p. 1218) compte *norem partes orationis* dans le premier vers de l'*Énéide* : *Arma virumque cano*, etc.

Parties des verbes, 16, en note.

Partitif (Nom), 4, en note.

Passé (Participe), 15.

Passés (Temps), ou temps qui se forment du parfait, 22.

Passif (Verbe), 15.

Passif (le), en latin *passiva significatio*, *passivum genus*, ou absolument *passivum* : « quæ fiunt in *passivo*, vel *passivis similibus* (Macr., p. 293). »

PERIZONIUS, 43, en note.

Personnes, 14. — En latin, *persona*; *prima*, *secunda*, *tertia persona*.

PÉTRONE, 36.

PHÈDRE, 13, 29, 45.

PLAUTE, 54.

Pléonasme, 37. — En latin *pleonasmus* (Diom. p. 444) *perissologia* (Charis., p. 242) : ce dernier mot indique un pléonasme tout à fait inutile, un véritable vice d'élocution.

PLINE (le jeune), 53.

Pluriel, 13. — En latin *pluralis numerus* ou absolument *pluralis*. On dit aussi *pluralitas* (Charis., p. 72). — Au pluriel, *pluraliter*, *in multitudine* (Charis., p. 37).

Plus-que-parfait, 14. — En latin *plus quam perfectum*.

Positif, 21. — En latin *positivum* (Prisc., 597); *absolutum* (Charis., p. 240).

Possessif (Adjectif), 4. — En latin *possessivus*. — Les adjectifs possessifs *pronomina possessiva* (Prisc., p. 1259) ou *derivativa* (ib. et p. 1256), par opposition nos pronoms personnels qui sont les pronoms primitifs, *primitiva pronomina*.

Préposition, 1, 9, 10. — En latin *præpositio*. Ce mot convient aux prépositions proprement dites, que les Romains appelaient *casuales* (Val. Prob., p. 1427) et aux particules inséparables *præpositiones loquelares* (ib.) — qui gouvernent l'accusatif, 9; en latin *præpositiones accusativi casus* (ibid.), — qui gouvernent l'ablatif, 9, 10 ; *præpositiones ablativi casus* (ib.); — qui gouvernent tantôt l'accusatif, tantôt l'ablatif, 10. — Il faut placer ici cette observation importante que les grammairiens latins ont souvent recours aux prépositions pour exprimer les rapports donnés naturellement par les cas, lorsque le sens amène des mots indéclinables, ou que leur emploi actuel ne permet pas de décliner. Ainsi Priscien dit : « demonstratio quæ significatur *per ille* et *iste* (p. 936); *in ho* desinentia ut *vcho* (p. 896), etc. »

Présent, 14, 15. — En latin *præsens tempus* ou absolument *præsens*; et encore *instans tempus*. Les participes présents, *participia instantis temporis* (Charis., p. 255).

Prétérit ou passé en général. Voy. *Parfait*. — En latin, *præteritum tempus* ou *præteritum* était le nom de tout temps passé. Les grammairiens distinguaient *præteritum perfectum* le parfait ; *præteritum imperfectum* ou *minus quam perfectum* l'imparfait; et *præteritum plus quam perfectum* le plus-que-parfait.

Primitives (Formes), 16 ; — primitifs (temps). Voy. *Temps*. — Ordre de ces temps en latin, 16, en note.

Pronom, 1, 6. — En latin *prono-*

men. Mais les grammairiens n'attachaient pas à ce mot le sens que nous y donnons. Ils croyaient que les pronoms devaient remplacer les noms propres (Prisc., p. 1256) et reconnaissaient en conséquence comme premiers pronoms *primitiva pronomina, ego, tu, is, hic, ille, iste, ipse* et *sui*, avec leurs autres cas, genres et nombres; et comme deuxièmes pronoms ou pronoms dérivés, *derivativa, meus, noster, nostras, tuus, vester, vestras* et *suus* (Prisc., ib.). Les autres mots, souvent rangés dans la classe des pronoms *qui, quis, qualis*, etc., étaient contestés et regardés par les habiles comme des noms adjectifs.

Proposition infinitive, 29, en note.
— n'est qu'un complément composé (*ib.*).

Propre (Nom), 4. — En latin *nomen proprium, nomen proprie significans* (Charis., p. 125).

PRUDENCE, 35.
PUBLIUS SYRUS, 3.

Qualificatif (Adjectif), 4. — En latin *nomen adjectivum* ou *adjectivum* absolument.

Que retranché, 29, en note.
QUICHERAT (M.), 14.
QUINTE-CURCE, 44.
QUINTILIEN, 42.

Rapporter (se), 27. — En latin *jungi cum, conjungi ad.* « Si *ipse cum* aliis pronominibus *jungatur,* eorum accipit significationem (Prisc., p.935); quæ verba *ad* nominativos *conjungantur* solos (Prisc., p. 1042). »

Réfléchi (Pronom), 6. — Les Latins, frappés surtout de ce qu'il se rapporte toujours à un autre mot exprimé ou sous-entendu, l'appelaient *pronomen relativum* (Prisc., p. 935); mais ce nom s'appliquait également par la même raison à plusieurs autres mots, entre autres à *is, ille, ipse* (ib.).

Régime ou complément, 6, 28, 29.
— En latin *figura.* « Omnia participia *figuram* verborum suorum sequuntur (Charis., p. 257). » Quelquefois aussi *idioma* : « *Idiomata* accusativi, ablativi *idiomata.* » (Diom., p. 296, 298.)

Régir ou gouverner, 6, en note.
— En latin *jungi, conjungi, præponi, desiderare, exigere, trahere, recipere*; « casum trahere, casum recipere (Charis., p. 255); *in* aliud significat quum accusativo *jungitur,* et aliud quem ablativo. (Prisc., p. 1040); *cano* verbum accusativo *conjungitur* (Prisc., p. 1219); aliæ præpositiones *casuales* vocantur, quod casibus *serviant* (Val. Prob., p. 1427); præpositionis proprium est per appositionem casualibus *præponi* (Prisc., p.576); quæ verba obliquos *desiderant* casus. (Prisc., p. 1042); *tenebat* verbum accusativum *exigit.* (Prisc., p. 1144). »

Relatif. Ce mot désigne souvent chez nous l'adjectif conjonctif. Mais c'est à tort, car il y a bien d'autres mots relatifs que celui-là. Chez les Romains, *relativus* s'appliquait à tous les mots qui peuvent signifier par relation à un autre (Prisc., p. 935).

Relations syntaxiques, 1, 26 et suiv.

SALLUSTE, 20, 47, 50.
Semi-déponent (Verbe), 22, en note.
SÉNÈQUE le philosophe, 2, 11, 18, 20, 30, 50.
SÉNÈQUE le tragique, 54.
SIDOINE APOLLINAIRE, 26, 35.
Singulier, 13. — En latin *singu-*

laris numerus, ou absolument *singularis* ; et *singularitas* (Charis., p. 72). *Singularis* et *pluralis* se prenaient aussi adjectivement : « secunda *pluralis* a tertia *singulari* nascitur (Macr., p. 308). »

Sous-divisions des espèces de mots, ou sous-espèces, p. 4 et suiv.

Sous-entendu (mot), 6. — En latin *subaudiri;* « eorum habet significationem quæ cum eo subaudiuntur (Prisc., p. 935). »

Sous-espèces des mots. On appelle ainsi les divisions faites dans les espèces de mots : ainsi le *nom* étant une espèce de mot, le nom commun, le nom propre, le nom collectif, etc., sont les *sous-espèces*, p. 4.—Les Latins désignaient la sous-espèce dans leurs questions par *qualis, e.* Par exemple : « *Arma* quæ pars orationis est ? — Nomen. — *Quale ?* — Appellativum. » (Prisc., p. 1218.)

Subjonctif, 14. — En latin *subjunctivus, conjunctivus, optativus* (sous-ent. *modus*). De ces trois mots, les deux premiers signifient absolument la même chose ; c'est ce que nous nommons le subjonctif en latin. *Optativus* représente la même forme du verbe, mais avec un sens de désir. «*Optativo*, utinam conticerem, conticuissem, conticeam. *Subjunctivo* quum conticeam, conticerem, conticuerim, conticuissem, conticuero. » (Prisc., p. 1229.) Ce dernier exemple est remarquable ; il montre que quelques-uns plaçaient le futur passé dans le subjonctif, quand il était régi par une conjonction.

Substantif, 1.

Substantivement (Adjectif pris), 6.

Sujet, 26 ; — (Le verbe s'accorde avec son), 27 ; — est toujours quel mot, *ib.* — Les Latins n'avaient pas une idée bien nette du sujet non plus que des compléments. Toutefois ils le sentaient et le marquaient dans leur discours par le nominatif ou cas direct, *casus rectus,* c'est pour cela que Diomède dit (p. 290) : « *Casus nominativus* trahit verbum tertiæ personæ ; » et, quelques lignes plus loin : « Prima persona non eget *casu* (parce que le pronom ne s'exprimait pas ordinairement), sed admittit *nominativum*, ut *servio ingenuus.* » En effet, *ingenuus* ici se rapporte au sujet sous-entendu *ego;* il doit donc être au nominatif.

Sulpice Sévère, 3, 21.

Superlatif, 14, 21, 22 ; — d'infériorité, 22.

Supin, 15. — En latin *participalis forma* (Macr., p. 332); *usurpativa*, sous-entendu *forma* (Macr., p. 332), pour désigner collectivement le gérondif et le supin.

Syllepse, 38. — En latin *immutatio generum, casuum, numerorum*, etc. (Diom., p. 449); *solœcismus* (p. 448), *syllepsis* (Charis., 250).

Syntaxe, 26 et suiv. ; — d'accord, 27 ; — de régime, 27, 28, 29. — En latin *constructio, ordinatio, structura, syntaxis.*

Syntaxiques (Relations) des mots, 26 à 36.

Tacite, 34, 44, en note, 46, 48.

Temps des verbes, 14, 15, 16, 17, 22. — En latin *tempus* (Prisc., p. 781, 783). — *Infinitum tempus* (Macr., p. 297), l'aoriste, notre prétérit simple.

Temps primitifs, 16. — En latin *origo* (Macr., p. 274), *positio prima* (ib.).

Térence, 33, 42.

Thème. On appela ainsi la forme

sous laquelle il faut chercher un mot dans le dictionnaire. En latin *positio prima*.

TITE-LIVE, 23, 36, 40, 41.

Transitif (verbe), p. 6. — En latin *transitivum verbum*, *verbum casum requirens* (Diom., p. 292). Les Latins distinguaient les transitifs directs des indirects, parce qu'ils régissaient l'accusatif et avaient un passif que ceux-ci n'avaient pas. Ils n'avaient pas les noms que nous avons, et confondaient sous le nom de *neutres*, les transitifs indirects et les intransitifs.

Verbe, 1, 6; — abstrait, *ib.*; — concret ou attributif, *ib.*; — transitif, direct et indirect, intransitif, impersonnel, 6 et 7; — impersonnel passif, 7. Voyez ces mots. — actif, passif, déponent, neutre, 15. — En latin *verbum*.

VIRGILE, 36.

Vocatif, 14. — En latin *vocativus casus* ou simplement *vocativus*.

Voix des verbes, 15; — active, passive, *ib.* — En latin *genus*; *genera* verborum; verborum *significationes*. Quod « Græci διάθεσιν ῥημάτων vocant, hoc Latini appellant *genera verborum* (Macr., p. 332). *Genera* verborum quæ ab aliis *significationes* dicuntur (Donat., p. 1756). »

Zeugme, 37, en note; — simple, 37; — composé, *ib.* — En latin *zeugma* (Charis., p. 250; *adjunctio* (Prisc.); — zeugme composé *asyndeton* (Charis., p. 250).

FIN DE LA TABLE ALPHABÉTIQUE DES MATIÈRES.

Ch. Lahure, imprimeur du Sénat et de la Cour de Cassation (ancienne maison Crapelet), rue de Vaugirard, 9.

COURS RAISONNÉ DE LANGUE FRANÇAISE

PAR M. B. JULLIEN,

délégué pour l'un des arrondissements de Paris, docteur ès lettres,
licencié ès sciences, secrétaire de la Société des méthodes d'enseignement.

25 volumes in-12, cartonnés, qui se vendent séparément.

PREMIER DEGRÉ (Enseignement élémentaire). — 5 volumes.

Éléments de la grammaire française de Lhomond, revus et complétés ; nouvelle édition..................................... 60 c.
Questions et exercices sur la grammaire française de Lhomond, à l'usage des élèves ; nouvelle édition............. 90 c.
Le même ouvrage, avec les réponses aux questions, les corrigés des exercices et des dictées nouvelles ; à l'usage des maîtres. 1 fr. 50 c.
Petit traité des participes, accompagné de devoirs et de questions ; à l'usage des élèves.................................... 30 c.
Le même ouvrage, avec les réponses aux questions, les corrigés des exercices et des dictées nouvelles ; à l'usage des maîtres... 1 fr.

DEUXIÈME DEGRÉ (Enseignement intermédiaire). — 7 volumes.

Traité de grammaire française, comprenant avec les règles de notre langue, l'étude des gallicismes les plus usités. 1 volume de 350 pages... 1 fr. 50 c.
Questions et exercices sur le traité de grammaire française, à l'usage des élèves... 1 fr. 50 c.
Le même ouvrage, avec les réponses aux questions et les corrigés des exercices ; à l'usage des maîtres.................... 3 fr.
Petit traité d'analyse grammaticale, à l'usage des élèves ; nouvelle édition.. 40 c.
Traité complet d'analyse grammaticale, à l'usage des maîtres ; nouvelle édition... 1 fr. 50 c.
Petit traité d'analyse logique, à l'usage des élèves ; nouvelle édition.. 50 c.
Traité complet d'analyse logique, à l'usage des maîtres ; nouvelle édition.. 1 fr. 50 c.

TROISIÈME DEGRÉ (Enseignement supérieur). — 6 volumes.

Petit traité des figures et des formes de style. 1 fr. 50 c.
Questions et exercices sur le petit traité des figures et des formes de style ; à l'usage des élèves..................... 1 fr. 25 c.
Le même ouvrage, avec les réponses aux questions et les corrigés des exercices ; à l'usage des maîtres................. 3 fr.
Petit traité de rhétorique et de littérature..... 2 fr. 50 c.
Questions et exercices sur le petit traité de rhétorique et de littérature ; à l'usage des élèves........................... 1 fr. 10 c.
Le même ouvrage, avec les réponses aux questions et les corrigés des exercices ; à l'usage des maîtres.................... 3 fr.

OUVRAGES COMPLÉMENTAIRES. — 5 volumes.

Vocabulaire grammatical de la langue française, dans lequel sont définis, mis en concordance et appréciés les divers termes grammaticaux, etc.. 1 fr.
Nouvelles dictées d'orthographe............................
Le langage vicieux corrigé, ou liste alphabétique des fautes les plus ordinaires dans la prononciation, l'écriture, etc. 1 fr. 50 c.
Manuel de la conjugaison des verbes français.
Explication des principales difficultés de l'enseignement de la grammaire, à l'usage de toutes les personnes chargées d'instruire ou d'interroger les enfants........... 1 fr. 50 c.

Imprimerie de Ch. Lahure (ancienne maison Crapelet),
rue de Vaugirard, 9, près de l'Odéon.

www.ingramcontent.com/pod-product-compliance
Lightning Source LLC
LaVergne TN
LVHW051502090426
835512LV00010B/2290